A ESPIRITUALIDADE DE JESUS

JOÃO LUIZ CORREIA JÚNIOR
SEBASTIÃO A. GAMELEIRA SOARES

A ESPIRITUALIDADE DE JESUS

Dados Internacionais de Catalogação na Publicação (CIP)
(Câmara Brasileira do Livro, SP, Brasil)

Correia Júnior, João Luiz
    A espiritualidade de Jesus / João Luiz Correia Júnior, Sebastião Armando
Gameleira Soares. – São Paulo : Paulinas, 2016. – (Coleção espiritualidade
bíblica)

    ISBN 978-85-356-4037-3

    1. Espiritualidade 2. Jesus Cristo - Pessoa e missão I. Título. II. Série.

15-09915   CDD-248.4

Índice para catálogo sistemático:
1. Jesus Cristo : Espiritualidade : Cristianismo   248.4

1ª edição – 2016

DIREÇÃO-GERAL: *Bernadette Boff*
EDITORA RESPONSÁVEL: *Vera Ivanise Bombonatto*
COPIDESQUE: *Ana Cecilia Mari*
COORDENAÇÃO DE REVISÃO: *Marina Mendonça*
GERENTE DE PRODUÇÃO: *Felício Calegaro Neto*
DIAGRAMAÇÃO: *Jéssica Diniz Souza*
IMAGEM DE CAPA: *Jesus Orante – Carlo Parisi*

Nenhuma parte desta obra poderá ser reproduzida ou transmitida
por qualquer forma e/ou quaisquer meios (eletrônico ou mecânico,
incluindo fotocópia e gravação) ou arquivada em qualquer sistema ou
banco de dados sem permissão escrita da Editora. Direitos reservados.

Paulinas

Rua Dona Inácia Uchoa, 62
04110-020 – São Paulo – SP (Brasil)
Tel.: (11) 2125-3500
http://www.paulinas.org.br – editora@paulinas.com.br
Telemarketing e SAC: 0800-7010081

© Pia Sociedade Filhas de São Paulo – São Paulo, 2016

SUMÁRIO

Prefácio 7

Apresentação 13

Introdução 21

1. Espiritualidade em tempos de crise 33

2. Espiritualidade de intimidade com Deus 45

3. Espiritualidade do amor solidário 53

4. Espiritualidade de comunhão 63

5. Espiritualidade do conflito 69

6. Espiritualidade do diálogo 75

7. Espiritualidade contemplativa na ação 81

Conclusão 89

Referências 93

Sobre os autores 95

PREFÁCIO

CONVITE PARA CAMINHAR

Você que toma este livro nas mãos, fique sabendo que, com ele, pode adentrar uma aventura bela, mas exigente. Essa aventura é narrada de modo a fazer você se sentir parte da história. Os evangelhos contam que, um dia, Jesus tomou consigo Pedro, Tiago e João, seus amigos mais íntimos, e os conduziu a uma alta montanha. Ali lhes revelou algo novo e surpreendente da intimidade da presença de Deus em sua pessoa (cf. Mc 9,2-9). De forma diferente, através de uma reflexão meditativa, João Luiz e Sebastião Armando, os dois autores dessas páginas, fazem algo assim com você e com todos nós, leitores. Eles nos tomam pela mão e nos conduzem, como por um itinerário místico. Nesse percurso, fazem-nos conhecer mais profundamente a intimidade que Jesus tem com o mistério divino que ele (Jesus) chama de Paizinho (*Abba*). E, também, nos fazem descobrir que essa relação de Jesus com o Pai se expressa em amor para com a humanidade e o universo.

Os autores refletem sobre isso ligando as diversas situações de ontem e de hoje. Toda essa riqueza de conteúdo é resumida no título do livro: *A espiritualidade de Jesus.*

Espiritualidade não é um termo bíblico. Foi São Gregório de Nissa, pai da Igreja no século IV, que traduziu o grego *pneumatiké* pela palavra latina *spiritualitas* e a explicou com uma expressão do quarto evangelho: "é uma vida conduzida pelo Espírito". É isso que, agora, os dois autores desta obra, dois irmãos que podem ser considerados verdadeiros pais da Igreja no Nordeste do Brasil, fazem ao aprofundar conosco a postura fundamental de Jesus em sua relação amorosa com o Pai, com os irmãos do seu convívio e com o mundo em tensão.

O livro retrata a espiritualidade de Jesus em tempos de crise (capítulo 1), na oração de busca da vontade do Pai (capítulo 2), no amor solidário a todas as pessoas (capítulo 3), como espiritualidade de comunhão (capítulo 4), como modo novo e diferente de viver as situações de conflito (capítulo 5) em uma mística do diálogo (capítulo 6) e, finalmente, como essa postura de Jesus é uma espiritualidade contemplativa na ação (capítulo 7). Além disso, os autores ainda nos deixam uma bela página de conclusão. A partir do Salmo 1, condensam toda a espiritualidade bíblica e, portanto, a de Jesus, na decisão de escolher um dos dois caminhos dos quais falam o Salmo, o livro do Deuteronômio (Dt 30,11-20), o profeta Jeremias (Jr 21,8) e o próprio Evangelho (Mt 7,13-14): o caminho do bem viver ou o caminho do desamor e da injustiça que acaba levando à morte.

Ao abordar a espiritualidade de Jesus, este livro se situa na grande e bela tradição da teologia latino-americana e da espiritualidade da libertação que sempre se caracterizou por estar profundamente centrada no Jesus histórico.[1] De modo diferente da teologia europeia que contrapunha o Jesus histórico ao Cristo da fé, os escritos da nossa caminhada de libertação reconhecem essa distinção, mas não se preocupam

---

[1] CASALDÁLIGA, Pedro; VIGIL, José Maria. *Espiritualidade da libertação*. Petrópolis: Vozes, 1993, p. 94. (Coleção Teologia e Libertação.)

tanto com isso, e sim em partir da realidade apresentada nos evangelhos e recuperar a densidade teológica e espiritual de Jesus de Nazaré para nosso modo de ser cristão aqui e agora, na realidade concreta do continente latino-americano.[2]

Para mim, que li estas páginas como uma pessoa sedenta que encontra uma fonte de água viva e refrescante, elas me pareceram pertinentes à continuidade e à complementação de uma série de livros de meditação bíblica, feitos, já nos anos 1970, pelo Padre José Comblin, amigo e mestre de nós todos, especialmente um cujo título é *Jesus de Nazaré*.[3]

De fato, para quem ainda pensa nos místicos como pessoas meio aéreas e com uma sensibilidade psicológica diferente dos seres humanos comuns como eu e você, é bom e consolador descobrir a densidade mística e espiritual desse escrito e ler por trás das palavras o testemunho de fé e de vida desses dois biblistas comprometidos em devolver a Bíblia às comunidades empobrecidas e ao mesmo tempo em participar de sua caminhada de libertação.

Há muito tempo, conheço esses dois irmãos. Sou amigo de Sebastião desde que, muito jovem, na segunda parte dos anos 1960, ao voltar dos estudos bíblicos em Roma, ele retomou a vida entre nós. E, a partir do início do Centro de Estudos Bíblicos (CEBI), durante anos, fizemos parte do Conselho Nacional e trabalhamos juntos como assessores em diversos encontros. Nos anos mais recentes, coloquei-me como irmão e companheiro de testemunho no apoio ao seu ministério de bispo diocesano da diocese do Recife, na Igreja Episcopal Anglicana do Brasil.

---

[2]   BOFF, Leonardo. *Fé na periferia do mundo*. Petrópolis: Vozes, 1981, p. 32.

[3]   Petrópolis, Vozes, 1971.

João Luiz foi meu aluno no ITER (Instituto de Teologia do Recife) nos anos 1980, quando, de Goiás, eu vinha ao Recife para cursos especiais e intensivos que consistiam em reler os ensinamentos dos pais e mães da Igreja dos primeiros séculos do Cristianismo para aplicá-los aos desafios de nossa realidade no Brasil.

Agora, João Luiz e Sebastião fazem exatamente isso com esse escrito tão singelo. De certo modo, quase em cada página, tomam como guia e itinerário o Evangelho de Marcos, texto que eles dois já comentaram em um excelente livro anterior a esse.[4]

A você que vai agora se aventurar nessas belas páginas, cada tema aqui tratado o convidará a viver não apenas a imitação de Jesus, mas o seu seguimento criativo e atualizado. Seja você de que Igreja for, ou mesmo se, atualmente, está meio desligado ou até não pertence a nenhuma confissão, ao meditar sobre a espiritualidade de Jesus, descubra como viver hoje a abertura de coração a tudo o que é humano, como no século II nos aconselhava Tertuliano, um dos pais da Igreja.

Em um mundo como o nosso, cada vez mais pluralista, o seguimento de Jesus tem esse caráter de fazer de cada um de nós um "ser humano planetário", como sugeria Ernesto Balducci, padre e filósofo italiano. Ele nos ensinava que os profetas e os místicos já vivem, a partir de seu particular, esse universal pluralista em gestação.

Que Deus realize em nós o que afirmava o místico islâmico do século XII, Ibn Arabi: "Assim é o homem universal,

---

[4] SOARES, Sebastião Armando Gameleira; CORREIA JÚNIOR, João Luiz; OLIVA, José Raimundo. *Marcos. Comentário bíblico latino-americano.* São Paulo: Fonte Editorial, 2013.

que leva nele a semente de todos os seres e é capaz de abarcar toda a verdade".

Essa abertura ao humano e até ao universo já está latente e presente em cada página deste livro. Só podemos agradecer, a João Luiz e a Sebastião Armando, este belo presente.

A você que começa agora a ler, boa leitura e, principalmente, que essas palavras se tornem realidade em sua forma de viver, de se relacionar e de agir. Assim, cada vez mais nos tornaremos humanos como Jesus. Esse processo não é resultado do esforço humano. É graça divina. Mas, para recebê-la, precisamos nos deixar conduzir pelo Espírito que "sopra onde quer, e ouves a sua voz, mas não sabes de onde vem nem para onde vai" (Jo 3,8).

A nós, cristãos, o Espírito sussurra o nome de Jesus. Mas nos leva também a outros nomes que são sinônimos de amor e de paz, nas mais diferentes religiões e nas mais diversas culturas. Que riqueza. Nenhum mortal pode amordaçar a ventania. O mistério é nossa paz e os caminhos religiosos, se conseguem sê-lo, podem apenas ser nossas parábolas de amor. Como no século IV escreveu Agostinho: "Apontem-me alguém que ame e ele sente o que estou dizendo. Deem-me alguém que deseje, que caminhe neste deserto, alguém que tenha sede e suspire pela fonte da vida. Mostre-me esta pessoa e ela saberá o que quero dizer".[5]

Marcelo Barros[6]

---

[5]   SANTO AGOSTINHO. *Tratado sobre o Evangelho de João 26,4,* cit. por Connaissance des Pères de l'Église 32, dez. 1988, capa.

[6]   Monge beneditino, biblista. Assessor das comunidades eclesiais de base e movimentos populares. Coordenador latino-americano da Associação Ecumênica de Teólogos/as do Terceiro Mundo (ASETT). Tem inúmeros livros e artigos publicados, entre os quais: *Conversa com Mateus* (Paulus, 1998), e *Boa Notícia para todo mundo: conversa com o Evangelho de Lucas* (FASA, 2013).

APRESENTAÇÃO
CONVITE PARA, NO CAMINHO, ACOMPANHAR JESUS

Até pouco tempo atrás, o Brasil era considerado um país católico. O presidente então eleito, Tancredo Neves, ainda se sentia à vontade para dizer que o Catolicismo, "apesar de não ser Igreja oficial, era, sem dúvida, a Igreja nacional". A crise global da civilização, porém, com seu dinamismo desagregador, e agravada entre nós pelo acelerado processo de urbanização e democratização da sociedade, leva-nos a perceber que hoje em dia já estamos num país de franco pluralismo religioso. Inumeráveis são os grupos que designam a si mesmos como "Igrejas" e se creem, de uma forma ou de outra, em continuidade com a Reforma Protestante. Assim como vão ocupando espaço outras religiões, a começar daquelas que estão na raiz de nossa própria nacionalidade, aborígenes e afro-americanas. O candomblé, por exemplo, já não se sente clandestino, antes, se revela em público com renovada dignidade; muita gente assume identidade espírita; e as religiões orientais vão-se disseminando aos poucos. Não podem ser ignorados o Judaísmo e o Islamismo entre nós. Sem falar do crescente número que se declara sem religião, agnóstico e mesmo ateu.

Em nossa infância, a imagem que tínhamos da Igreja cristã era a de um bloco praticamente monolítico. Claro que havia algumas Igrejas Orientais antigas dissidentes, dos primeiros séculos, como a Copta e a Etiópica, por exemplo, mas esses ramos menores da cristandade não chegavam a causar a "impressão" de divisão no Catolicismo. É verdade que também tinha ocorrido o cisma de 1054, separando o Oriente do Ocidente. Mas, de qualquer forma, tratava-se de duas grandes expressões da mesma Igreja Católica, marcadas por particulares traços étnicos, costumes litúrgicos próprios e expressões peculiares de institucionalidade, sem falar dos condicionamentos políticos que estiveram na raiz da separação. Não era difícil, entretanto, enxergar, no caso, a predominância de motivos culturais e diferenças de sensibilidade e linguagem, mais que de ruptura doutrinal. Daí falar de "cisma" e não de "heresia". A Reforma Protestante, tida como "heresia" (a história medieval nos ensina o quão problemática é essa qualificação aplicada a quem de nós discorda), mesmo já há quatro séculos na Europa, em nosso meio só se manifestava timidamente em pequenos grupos que não chegavam a desafiar a hegemonia do Catolicismo.

A situação atual é bem diferente. Acentua-se, em todo o mundo, o pluralismo no seio da Igreja Cristã. Basta pensar nos Estados Unidos da América do Norte, na África e em nosso continente, com a multiplicação de "igrejas" a cada dia, algumas, ainda se referindo a ramos já conhecidos do Cristianismo, como Luteranismo, Presbiterianismo, Anglicanismo, Batistas, Pentecostalismo... outras, "independentes", inventando-se a si mesmas, bastante marcadas, é verdade, pela herança pentecostal, mas assumindo matrizes religiosas populares, até mesmo pré-cristãs, como, no caso brasileiro, da cosmogonia e do animismo aborígene e africano que transparecem nas Igrejas chamadas de pós-pentecostais.

Nesse contexto pluralista no próprio seio da Igreja cristã, o Cristianismo parece mudar a própria imagem. Já não se apresenta mais em forma monolítica, reunindo Ocidente e Oriente debaixo da mesma identidade "católica". Nem mesmo se restringe aos grandes blocos surgidos a partir da Reforma: Igrejas Ortodoxas, Igreja Católica Romana, Igreja Luterana, Igreja Reformada ou Presbiteriana, Comunhão Anglicana, Igrejas Batistas e outros ramos menores. Tem-se a impressão de que o Cristianismo vai além do modelo "igreja" e se transforma num imenso e plural "movimento de espiritualidade", incontrolável, no qual questões doutrinais e litúrgicas, e até de limites institucionais, parecem agora ter menos peso e o que mais importa é a relevância da prática cristã para a redenção de uma humanidade que já não sabe por onde andar, em meio à profunda crise de valores em que estamos mergulhados, senão "atolados".

Daí, decorre que o ecumenismo se torna hoje em dia dimensão obrigatória na relação entre as Igrejas e as religiões; e se deva interpretar, ao pé da letra, como direito a "permanecer na mesma casa" de todas as expressões possíveis. No entanto, já não pode ser visto nem de longe como "retorno" à unidade anterior à Reforma, e nem mesmo como simples diálogo teológico entre diferentes confissões de fé. O que volta ao centro é a fé compreendida como "práxis" da libertação humana: praticar e pensar um caminho no qual os seres humanos se sintam salvos do desespero e do sem-sentido de uma vida debaixo de múltiplas formas de opressão. Uma práxis em que, mediante a luta pela conquista da liberdade, ou seja, mediante a caminhada de libertação, sempre inacabada, se chegue a fazer a experiência da Transcendência, mistério que tem o poder de nos reunir pela força do amor concretizado em serviço recíproco. Experiência que é capaz de trazer à unidade, pela verdade da prática, "crentes", não só de Igrejas diferentes, mas de religiões diversas e até sem religião. Pois sabemos que a própria fé bíblica tem, intrinsecamente, uma dimensão de "ateísmo", isto é, crítica de todas as imagens de Deus que construímos – qualquer imagem é sempre, de algum modo, idolátrica – para "permanecer em busca da face do Senhor" e na atenta escuta de sua Palavra na história. Imagem é sempre projeção humana. A Bíblia nos chama a "escutar": "Escuta, Israel" (Dt 6,4). Ora, escutar é sempre voltar o ouvido a uma voz que nos chega "de fora" e que chama a perceber a realidade das pessoas e das coisas para além de nós mesmos. É sempre gesto e atitude de abertura à alteridade, ao que está para além de nós, nos ultrapassa e transcende. E "escutar" significa, na prática, *ob-audire*, isto é, voltar o ouvido para perceber necessidades e exigências além de nós. É daí que deriva o termo "obedecer", que equivale a servir, pôr-se à disposição. Muito teríamos a aprender com o mestre filósofo judeu Emmanuel Levinas.

Dom Helder Camara nos deixou definição lapidar de ecumenismo, quando em entrevista à queima-roupa, no aeroporto de Paris, durante os anos do Concílio Vaticano II, assim se expressou: "Quando nós, as Igrejas cristãs, decidirmos assumir realmente as preocupações de Deus, que são as questões da vida de seu povo, chegaremos a ter vergonha de nossas divisões, pois, então, nos parecerão coisas tão pequeninas". Dizia um antigo bispo da Diocese Anglicana do Recife: "Continuamos divididos por razões de outrem, enquanto nosso povo de hoje nos dá todos os motivos para nos unirmos". Eu mesmo costumo dizer: "Nosso povo não nos pergunta primeiro por confissões de fé, mas por soluções de fé". Se "confissões de fé", frequentemente, têm o triste poder de nos separar, a busca de "soluções de fé" para problemas da vida tem o admirável poder de nos reunir em ações de amor e redenção.

Esta perspectiva nos desloca na direção de retorno a Jesus e isso já se começou a fazer desde finais do século XIX. O apóstolo nos ensinava que só ele é a rocha, a pedra do fundamento, tudo o mais está entre pedra e areia. Uma das tragédias do Cristianismo, porém, tem sido a dificuldade de superar o "monofisismo" de fato e reduzir a relação com Jesus a cultuá-lo como ser divino. Um poeta e compositor italiano, ateu e, ao mesmo tempo, apaixonado por Jesus, afirmava, anos atrás, que "os cristãos julgaram muito difícil imitar Jesus, por isso disseram que é Deus, pois um Deus não se imita, um Deus se cultua, não digamos: *Laudate Dominum*, mas *Laudate Hominem*, Jesus nosso irmão". A afirmação da fé é que Jesus é "Deus feito homem", mas, amiúde, o interpretamos como "Deus e homem", e o resultado desse dualismo é privilegiar a dimensão divina em detrimento de real encarnação. "O verbo se fez carne" (Jo 1,14) quer dizer assumiu a precariedade da condição de criatura, frágil, imperfeita, mortal. Caímos na antiga heresia monofisista, que atribui a Jesus uma única natureza, a divina, e sua humanidade se esvai. Na verdade, nunca nos deveríamos afastar do esquema desenhado pelo apóstolo São Paulo na Carta aos Filipenses: "Ele se esvaziou de si mesmo, e tomou a condição de escravo, tornando-se semelhante aos seres humanos e, mostrando-se em figura humana, humilhou-se, tornou-se obediente até a morte, e morte de cruz" (Fl 2,7-8). Jesus não é Deus com aparência humana, mas "Deus feito homem". Sua encarnação significa que aceitou viver radicalmente a condição de ser um homem diante de Deus, mesmo sendo um homem perfeitamente em Deus, sem a ilusão de poder se separar. É essa a única maneira humana possível de vivenciar a consciência de sua divindade, e, assim, ele reabriu o "caminho" para nossa caminhada. Fora desse rumo, esvaziamos o mistério da encarnação. Dizer que Jesus é Deus, é proclamar que é um homem que se experimenta completamente em Deus, sem nenhuma possibilidade de iludir-se, de aderir à idolatria, embora a isso tenha sido intensa e insistentemente tentado, como vemos nos evangelhos.

É por isso que não falamos apenas de "fé em Jesus" como Filho de Deus, mas temos toda a legitimidade para falar da "fé de Jesus", aquela que se expressou, por exemplo, no limite extremo da oração no jardim das Oliveiras e da hora da cruz: "Meu Deus, meu Deus, por que me abandonaste?" (Mc 15,34), é a pergunta que a humanidade faz ecoar desde sempre e que Jó gritou em forma que se fez clássica, e que repetimos ainda hoje a partir de nossa própria experiência do silêncio de Deus diante dos impasses da condição humana. Mas Jesus creu, obedeceu e se entregou: "Em tuas mãos entrego a minha vida" (Lc 23,46). Ele não é apenas "objeto de fé", mas "sujeito crente", que podemos imitar em sua dedicação e obediência a Deus. Não apenas nos falou sobre o caminho (cf. At 9,2), mas o assumiu até o fim, e em sua própria carne no-lo revelou. Em outras palavras, sua espiritualidade se faz espelho para nossa própria caminhada. Deixou-se guiar pelo Espírito de Deus e dele aprendeu os princípios e os valores profundos, capazes de nos conformar ao jeito de ser da divindade. Mostrou por sua maneira de viver que o único caminho de realização de plena humanidade é o do amor, ou seja, só o amor nos humaniza, e humanizar-se significa, na verdade, divinizar-se, já que o amor é Deus, como nos mostra São João no conjunto de sua primeira epístola. Leonardo Boff, anos atrás, belamente formulou isso: "Tão humano assim só pode ser Deus".

Este pequeno e despretensioso trabalho visa a convidar você, leitor, a acompanhar Jesus em alguns traços que ressaltamos como de sua espiritualidade, isto é, de sua caminhada humana diante de Deus, Filho diante do Pai. O convite é para seguirmos na "imitação de Cristo", pois só assim praticamos nossa verdadeira condição de filhos e filhas, irmãos e irmãs dele, se dele e com ele aprendemos a caminhar. Se é "o Autor e Consumador da fé" (cf. Hb 12,2), só nos resta segui-lo.

"Espiritualidade" é caminho de vida, quer seja caminhar com o Deus vivo, quer seja nos entregando em sacrifício aos ídolos. O resultado será sempre nos tornarmos semelhantes ao que adoramos (cf. Sl 135), como se deu com Jesus, que foi exaltado e se lhe concedeu "um Nome que está acima de todo nome" (Fl 2,9), "estabelecido Filho de Deus com poder pelo Espírito Santo" (Rm 1,4; cf. At 10,37-38).

Quando o Cristianismo se faz cada vez mais "movimento" plural de espiritualidade, não nos resta outra direção, senão nos aproximarmos da direção mesma do Movimento de Jesus, pelo qual ele próprio esperava que se manifestasse o Reino de Deus como *Shalôm*, felicidade já neste mundo (cf. Mt 10 e Lc 10), "bem viver", modelo de convivência a que hoje nos convidam os povos que, com desprezo, os países da opulência chamavam de "primitivos". "Primitivos", sim, porque, em sua simplicidade de viver, conseguiram permanecer fiéis às "primícias", às raízes primárias e fontes da vida, em bem maior integração e harmonia com a natureza e entre si; conscientes de que "não é a terra que se deve a nós, nós é que nos devemos à terra", e nos devemos umas pessoas às outras, na esteira do que, apropriadamente, dizia o poeta Ferreira Gullar: "É evidente que o sentido da vida são as outras pessoas". Jesus não viveu para si, entregou-se, viveu para além de si mesmo, experimentou a Transcendência da vida. O "caminho" foi indicado (cf. Jo 14,6), resta-nos prosseguir em seu seguimento (cf. Mc 8,34-38), para chegar a fazer, segundo sua Palavra, "as obras que faço e até maiores do que elas" (Jo 14,12). Este será, de agora em diante (embora já o tenha sido desde sempre), o "núcleo rochoso" do Cristianismo, o fundamento sólido do que ainda insistimos em chamar de "Igreja" cristã.

Agradeço ao querido amigo, ex-aluno, compadre e desde há tempo colega na tarefa de teólogo e biblista, professor João Luiz, por me ter permitido tornar-me companheiro seu nesta empresa de refletir com ele e colaborar na produção do material surgido do curso que dirigiu no CEBI sobre a "Espiritualidade de Jesus".

Se alguém se sentir ajudado com a leitura do que aqui oferecemos, ajudado quer dizer chamado ou estimulado a "seguir Jesus", nossa alegria será completa. É o mesmo que buscamos nós próprios, embora na fragilidade de nossa pobre "carne".

Dom Sebastião Armando Gameleira Soares
Bispo emérito da Diocese Anglicana do Recife,
da Igreja Episcopal Anglicana do Brasil,
e assessor do CEBI

INTRODUÇÃO

Dizia Santo Tomás de Aquino que, de Deus, *sabemos que ele é*, mas *não sabemos o que é*. De fato, quando Moisés queria conhecer o nome de Deus, foi-lhe dito apenas: "Eu sou o que sou" (Ex 3,14). Quando a Bíblia foi traduzida para a língua grega, a frase soou como definição essencialista da divindade: "Eu sou o sendo", ou seja, "o que é" plena e eternamente, o Ser em plenitude. Ora, na língua hebraica, original da Bíblia, o horizonte hermenêutico, isto é, de interpretação da experiência da vida, é existencial, a saber, antes de tudo se olha o ser em ação. O clássico da poesia alemã, Göthe, compreendeu bem isso ao traduzir a primeira frase do prólogo do Evangelho segundo João: "No princípio era a ação". A Moisés, Deus se revelou indicando "Eu sou o que estou" (em hebraico "ser" e "estar" são o mesmo verbo), "Sou o que está aí", "Sou o que está em ação", "Eu estarei contigo" (Ex 3,12). Como se dissesse: "Você não saberá meu nome, não se apossará de minha identidade, mas fará a experiência de minha presença atuante". O profeta Isaías entendeu bem isso quando disse ao povo: "Quando tal e tal coisa acontecer, vocês perceberão que EU SOU", quer dizer, que "EU ESTOU AÍ".

Hoje, traduziríamos Santo Tomás, dizendo que não sabemos o que é Deus, porém nos é possível perceber que ele é, por sentir em nossa vida a dimensão transcendente em nossa experiência com as pessoas e com o mundo em torno de nós. É, em suma, o que nos diz São João: "O Verbo se fez carne", o princípio se revela mediante o mundo e a vida em construção, a Palavra de Deus só se comunica encarnada.

Em concreto, isto quer dizer que Deus não nos revela seu Ser, sempre se manifesta a nós como caminho. Por isso, o apóstolo Paulo nos diz: "Que o testemunho da Palavra que é toda a Bíblia, foi deixado para nossa instrução" (cf. 1Cor 10,1-13). É que ele sabe muito bem que a Bíblia é Torá, ou seja, "instrução para a vida", de tal modo que as histórias de vida se tornam Lei para nós. Vamos a ela para aprender os caminhos de vida de nossos pais e mães na fé, como o faz a epístola aos hebreus, capítulo 11, e, por exemplo, o livro do Eclesiástico, ao lembrar os heróis da caminhada do povo. E nosso olhar de discípulos se fixa, sobretudo, em Jesus, "o caminho, a verdade e a vida" (Jo 14,6), autor e consumador da fé, enquanto "corremos com perseverança para o combate que nos é proposto" (Hb 12,1).

Ler a Bíblia, antes de aprender ideias e doutrinas, é deixar-se instruir por histórias de vida, desde os patriarcas e nossas mães na fé, até Jesus e seu grupo. Ler a Bíblia é, antes de tudo, exercício de aprendizagem de espiritualidade. Só conhecemos a Deus quando o seguimos, isto é, quando participamos de seu jeito de ser; só o conhecemos "por dentro". Ao receber os dois primeiros discípulos, que lhe perguntaram: "Mestre, onde permaneces?", ou seja, qual é teu espaço (o teu mundo), quem és tu?, Jesus respondeu: "Venham e vejam!", venham e experimentem. Só no caminho com ele é possível saber quem é (Mc 8–10).

Este livro é fruto de uma experiência vivenciada no CEBI (Centro de Estudos Bíblicos), na cidade do Recife, a partir de um Grupo de Aprofundamento Bíblico intitulado "CEBI

Quarto Sábado", que se reúne uma vez por mês, no quarto sábado, para estudar, refletir e orar a partir da espiritualidade Bíblica, com a assessoria de João Luiz, professor de Teologia Bíblica na UNICAP (Universidade Católica de Pernambuco).

De 2011 a 2013, esse grupo se debruçou sobre o tema "Espiritualidade de Jesus nos evangelhos". A partir dessa experiência, promoveu retiros de um dia, na linha da espiritualidade bíblica do CEBI. Na etapa final, quando se chegou à redação do presente texto, associou-se Dom Sebastião Armando, assessor do CEBI há mais de trinta anos, bispo emérito da Igreja de Cristo, na comunhão anglicana para a região Nordeste. O que aqui vem à luz é também fruto do diálogo que viemos tendo, desde os tempos de convivência no grupo Extensivo de Formação de Biblistas do CEBI e no trabalho conjunto de elaboração do *Comentário ao Evangelho de Marcos*. Diálogo, em última análise, sobre o caminho de Jesus.

Para compreender a espiritualidade de Jesus, é importante buscar os fundamentos da espiritualidade, no sentido mais amplo da palavra.

O termo "espiritualidade" designa o conjunto de desejos e atividades humanas voltadas para tudo o que se busca como essencial, realidades ou valores considerados fundamentais, que impulsionam o agir na vida diária.[1]

Entretanto, ao falar de espiritualidade, muita gente pensa que se trata, necessariamente, de dimensão própria da vida cristã ou, pelo menos, de toda religião. Na verdade, não é assim. Espiritualidade não se identifica com Cristianismo, nem está necessariamente ligada à religião. Antes de ser expressão de religião ou de religiosidade, é algo constitutivo do próprio ser humano, é o que se costuma dizer uma dimensão antropológica.

---

[1] CATÃO, Francisco. *Espiritualidade cristã*. São Paulo: Paulinas, 2009, p. 15.

Toda pessoa cultiva espiritualidade, não importa qual seja. Não é algo próprio de crentes religiosos, mas do ser humano como tal. Até quem é ateu ou agnóstico tem sua própria espiritualidade e, às vezes, em grau muito elevado. Pensemos, por exemplo, num homem como Che Guevara, e em tantos outros homens e mulheres que cultivaram elevadíssimos valores humanos e até deram generosamente a própria vida em prol de nobres causas e de pessoas pelas quais julgaram que valia a pena entregar-se até a morte.

Também cultiva sua própria espiritualidade quem é egoísta, fechado sobre si mesmo, autodestrutivo ou destruidor de outras pessoas e de bens da vida. Pois, trata-se sempre de quais "valores (são) considerados como fundamentais, que impulsionam o agir na vida diária".

Por isso, o decisivo é que pode ser uma espiritualidade enraizada no "amor! – e nós crentes dizemos que é espiritualidade de abertura ao Deus vivo – ou fundada no egoísmo, e nós a definimos como "idolatria", por ser afirmação de si e adoração às "obras de nossas mãos".

Espiritualidade é, portanto, um estilo de vida, um modo de sentir, pensar e agir segundo valores tomados como essenciais, que direcionam a ação humana e lhe dão sentido ao longo da existência. As várias expressões de espiritualidade surgiram do desejo humano de autossuperação de suas vulnerabilidades.

Segundo o filósofo e teólogo Hugo Assmann, pode-se vislumbrar pelo menos três modos de compreender o ser humano:

> Primeiro, há os que apostam no ser humano generoso, "amorizável", capaz de toda dedicação aos outros, enfim, consciente e sempre mais conscientizável, porque definido a partir do dom de si aos outros. Segundo, há os que, no extremo opos-

to, somente apostam no interesse próprio como detonante do agir humano. Terceiro, há os que acreditam que o ser humano, quando imerso em instituições complexas, não pode deixar de ativar, por um lado, o seu interesse próprio (já que outros fatalmente ativarão o seu), mas que ele, por outro lado, permanece aberto a reclamos da solidariedade institucionalizados, criados mediante uma soma de consensos coletivos.[2]

Concordamos com a terceira concepção de que, embora o ser humano, em suas vulnerabilidades, não possa deixar de cuidar de si e dos seus próprios interesses, ao mesmo tempo, em sua complexidade, sente-se chamado, impelido a abrir-se aos demais, pois é um ser de relações. Sem dúvida, porém, certas pessoas alcançam o primeiro modo de ser, o mais elevado e heroico, chegando a assumir como próprio, o bem de outrem e, por isso, dedicando-se totalmente a ponto de entregar a própria vida por amor.

Na Bíblia, o ser humano é concebido em sua vulnerabilidade material, carnal, e em sua complexidade que aspira relacionar-se com tudo que está para além de si mesmo. Nessa linha, afirma o teólogo e filósofo Leonardo Boff[3] que a humanidade participa da vulnerabilidade da matéria como todos os seres do mundo. Nessa dimensão, tudo se revela marcado pela força corrosiva do tempo, tornando-se gradativamente caduco, passageiro, mortal. Existe a debilidade, as necessidades de toda ordem que, não satisfeitas, causam falta, sofrimento e opressão. Esta situação existencial, na tradição bíblica, é

---

[2] ASSMANN, Hugo. As falácias religiosas do mercado. In: MOREIRA, Alberto; ZICMAN, Renée (Org.). *Misticismo e novas religiões*. Petrópolis/Bragança: Vozes/Instituto Francisco de Antropologia da Universidade São Francisco, 1994, p. 126.

[3] BOFF, Leonardo. *Vida segundo o Espírito*. Petrópolis: Vozes, 1982, p. 42.

conceituada como "viver na carne".[4] O conceito não se refere a uma parte do ser humano, seu corpo, sua carne, contraposta ao espírito. Trata-se, sim, do ser humano inteiro submetido ao nascimento, ao crescimento, às doenças, aos sofrimentos, às vulnerabilidades e, por fim, à própria morte.

Contudo, segundo o mesmo autor,[5] o ser humano, em sua complexidade, é diferente dos demais seres vivos, uma vez que, enraizado no mundo, não se perde no mundo por sua capacidade de transgredir os limites nos quais vive. Guarda a memória do passado, distancia-se em esperança para o futuro e pode até encontrar sentido em meio às crises e pressões das circunstâncias do presente.[6] Existe nele um desejo de infinito. Por isso, seu pensamento habita as estrelas e o céu. Em meio a tal situação, pode identificar a presença do divino no aqui e agora, e estabelecer uma aliança com ele. A partir dessa relação com o Absoluto, relativiza a si mesmo e os poderes históricos, religiosos, políticos e ideológicos que se pretendem apresentar como última instância. O ser humano, a partir do

---

[4] A língua hebraica (na qual foi escrita grande parte do Primeiro Testamento da Bíblia) não tinha um termo para designar literalmente "corpo vivo". O termo *basar*, que significa "carne", em muitos contextos aproxima-se mais desse sentido do que qualquer outro. Os termos hebraicos *basar* (carne) e *nefesh* (=alma) designam o ser humano vivo total (Jó 14,22: "Ele só sente o tormento da própria carne, sente o sofrimento de sua própria alma")... Desse modo, a carne é o complexo psicofísico do ser humano, em sua totalidade concreta existente, o ser humano histórico, com seu passado, suas virtudes e fraquezas. A influência da cultura grega (por meio da "dicotomia platônica", tese de Platão (427-347 a.C.), que distingue corpo e alma, pode levar, e tem levado as pessoas de fé cristã a falsos ideais religiosos (ascéticos e místicos), pelos quais o ser humano deveria ser espiritualizado e desmaterializado, o que não está de acordo com a concepção bíblica. MACKENZIE, John L. *Dicionário Bíblico*. São Paulo: Paulinas, 1983, p. 147 e 150. Verbete "carne".

[5] BOFF, 1982, p. 43-44.

[6] Um clássico que analisa exaustivamente essa extraordinária capacidade humana de fazer memória para encontrar sentido no presente, na direção do futuro, é a obra de RICOEUR, Paul. *A memória, a história, o esquecimento*. Trad. Alain François et. al. Campinas: Editora da Unicamp, 2007, 535 p.

Absoluto que entrevê, ri e tem humor acerca da demasiada seriedade do teatro desta vida. Esta experiência é universal. Pode-se conceituar essa condição humana, segundo a tradição bíblica, de "vida segundo o espírito". Não se trata, novamente, de uma parte do ser humano em oposição à outra (carne ou corpo e alma), mas do ser humano todo inteiro enquanto ultrapassa o mundo.

Assim, na tradição bíblica, a "vida segundo o espírito", "vida espiritual", não se contrapõe à "vida material", "vida corporal", distinção estabelecida pelo dualismo corpo-alma da cultura grega. A vida espiritual, segundo a Bíblia, que tem sua origem na cultura hebraica, é a vida do ser humano todo inteiro. Enquanto ultrapassa as malhas de si mesmo e chega a relacionar-se com outrem, o ser humano é capaz de ir além e transcender os limites do mundo em que está inserido, para manter comunicação com o grande Outro, Deus.

Que significa dizer que o ser humano é "espírito"? Na reflexão bíblica sobre a criação, fica muito claro. O ser humano, isto é, terrestre, homem e mulher, feito do *húmus* da terra, como todos os seres criados, tem capacidade especial, que revela conter em si o sopro divino (cf. Gn 2,7), é imagem de Deus, semelhante a ele (cf. Gn 1,26-27) e, por isso, recebe o encargo de ser seu representante para governar e levar adiante a criação, é cocriador (cf. Gn 1,28-31). Essa excelsa condição é belamente celebrada no encantador Sl 8. Além disso, é capaz, por participar do próprio poder de Deus, de produzir outros seres semelhantes a si (cf. Gn 5,3), inteligentes, livres e capazes de projetar o próprio futuro.

Para falar disso, a filosofia e a teologia cristãs criaram a categoria "pessoa", outra maneira de dizer "imagem de Deus": somos capazes de imprimir no mundo nossos projetos e produzir obras – nossos filhos e filhas – que, ao mesmo tempo, são produto nosso, mas são diferentes de nós e estão para além do nosso controle, são "outro", nos transcendem. Depois, Jesus vem revelar que, além de imagem de Deus, somos filhos. O apóstolo Paulo aprofunda o tema na epístola aos gálatas. Filiação implica também uma relação de mútuo reconhecimento. Enquanto filho ou filha de Deus, o ser humano, feito da terra, ao mesmo tempo participa da glória de Deus, da vida e do jeito de ser do Pai. Por isso, enquanto espírito, é sagrado e inviolável. Quem o toca, toca em Deus. Como "espírito encarnado" (ser espiritual e, ao mesmo tempo, material), é imortal e destinado à plenitude da vida. Recebemos como herança de Deus o mundo, para nele exercer a liberdade e ajudar a construí-lo, de modo que se manifeste entre nós o Reino de Deus.[7]

Essa grande intuição que a Teologia bíblica apresenta não é fruto apenas de uma elaboração racional à luz da fé, mas já advém da observação sobre a real condição humana. Como seres semelhantes aos demais seres vivos, o humano carrega uma marca diferente. Ai de quem não desperta para isso. Quanta frustração pode advir dessa não tomada de consciência...

Cabe ao ser humano, em seu livre-arbítrio, optar por viver segundo a carne ou segundo o Espírito. Trata-se de um desafio que exige definição fundamental. O apóstolo Paulo, com agudo senso antropológico, o descreve e analisa, particularmente na epístola aos gálatas e aos romanos.

Em Gl 5,16.19-21a.22, lemos:

> Ora, eu vos digo, conduzi-vos pelo Espírito e não satisfareis os desejos da carne (...) Ora, as obras da carne são manifestas: fornicação, impureza, libertinagem, idolatria, feitiçaria, ódio, rixas,

---

[7] BOFF, 1982, p. 43-44.

ciúmes, ira, discussões, discórdia, divisões, invejas, bebedeiras, orgias e coisas semelhantes a estas...

Mas o fruto do Espírito é amor, alegria, paz, longanimidade, benignidade, bondade, fidelidade, mansidão, autodomínio.

A reflexão da antropologia teológica paulina é clara. Para quem se deixa guiar pelo projeto "carne", a ganância de acumular é inteligência, a rapina é esperteza, a trapaça é habilidade, a corrupção é sagacidade nos negócios, exploração de outrem é sabedoria de trabalho lucrativo. Embora se tire vantagem de tudo e se viva pretensamente feliz, as consequências dessa vida é a dispersão do ser na impureza, no ódio, na discórdia, no ciúme, na inveja, nas divisões e nas orgias. Para quem se propõe viver segundo o projeto "espírito", embora não fique livre do peso da vida, da opacidade da existência terrena, das tribulações e da aparente sujeição ao império da morte, pode ser vivenciada, já aqui e agora, a nova condição que flui da fonte da vida, que é Deus.[8]

É pena que, já nos primeiros séculos, o Cristianismo em seu diálogo com a cultura do tempo se tenha deixado contaminar por certa maneira de pensar que estava bem longe da Bíblia. Além da oposição espírito x corpo, chegou-se a pensar a matéria como inferior, marcada por negatividade e, necessariamente, conduzindo ao pecado. Era preciso, então, negar o corpo como atitude de amor a Deus, desprender-se da realidade material para viver as "coisas do espírito". A dualidade corpo-alma foi vivida e pensada como dualismo, duas dimensões que se excluíam uma à outra e, na corrente maniqueísta, chegou-se a identificar o bem com o que é espiritual, e o mal com o corpo e a materialidade da vida. Platão, filósofo grego,

---

[8] BOFF, 1982, p. 44-45.

havia ensinado que a alma é o cavaleiro e o corpo é o cavalo que deve ser domado e dominado pelo espírito. Nesta vida, a liberdade se identifica com o conhecimento, ser intelectual, contemplativo no mundo, e a grande libertação era finalmente se livrar do peso do corpo.

Ora, na espiritualidade cristã, não se deve falar simplesmente de imortalidade da alma, mas de "ressurreição do corpo", ou seja, da totalidade do ser humano. O apóstolo Paulo chega a dizer que até que não haja a ressurreição, "nós fomos salvos apenas na esperança" (cf. Rm 8). Foi a concepção antropológica dualista que levou o Cristianismo a estabelecer uma espiritualidade intensamente repressora do corpo e dos prazeres corporais e materiais, particularmente da sexualidade. Neste terreno, a influência do grande Santo Agostinho, o maior gênio da Igreja, foi devastadora, onde ele acertou, até hoje a Igreja acerta; onde ele resvalou, até hoje a Igreja resvala. Para ele, o sexo só era permitido por Deus para a geração; qualquer sentimento de prazer já era manifestação de pecado, concupiscência, pois era pelo sexo que a humanidade se contaminava do pecado original. Um de seus geniais discípulos o contradisse, o Monge Anselmo, depois arcebispo de Cantuária, mas só no século X, seis séculos depois que o estrago já marcara a Igreja profundamente. Para este santo, o pecado fundamental não se ligava ao "corpo", à materialidade da vida, mas a um desvio da espiritualidade ("alma"), pois a fonte do pecado é o orgulho, a rebeldia contra Deus, e isso é obra de uma "alma encurvada", depravada.

Viver segundo o espírito é viver filialmente na intimidade com Deus, fraternalmente com os irmãos e irmãs, e em comunhão com todos os seres do universo, encarregando-se de cuidar com responsabilidade de todas as coisas criadas, como jardineiro do jardim de Deus.

Jesus, pelo que está nos relatos dos quatro evangelhos, escolheu viver segundo o Espírito Santo de Deus. Sua espiritualidade foi sendo construída ao longo da vida por meio do contato com a cultura religiosa do seu povo, bem como através do seu esforço pessoal de buscar um contínuo aprofundamento, no desejo de viver segundo o Espírito (cf. Lc 2,39-40). Ele era um judeu da Galileia e, como tal, aprendeu muito da espiritualidade piedosa, esperançosa e combativa do povo da Galileia, por meio dos seus pais e da comunidade do vilarejo de Nazaré.[9]

---

[9] Essa reflexão pode ser tirada da bela narrativa de Lc 4,16-21, quando, na sinagoga de Nazaré, Jesus lê um texto do profeta Isaías (61,1-2) e dá a entender que nele se cumpre tal missão profética.
"Jesus era de Nazaré. Nascera pouco antes do fim do governo de Herodes I (37-4 a.C.). Filho de José, pedreiro e carpinteiro, e sua mulher, Maria, gente simples e piedosa. Ele deve ter tido educação judaica elementar, conhecia bem as grandes tradições religiosas de seu povo" (THEISSEN, Gerd; MERZ, Annette. *O Jesus histórico: um manual*. São Paulo: Loyola, 2002, p. 595).
"A origem de Jesus nada tem a ver com o centro do poder econômico, político e religioso situado em Jerusalém, a capital. Nazaré era um povoado sem nenhuma importância, que nem se nomeia em lugar algum do Primeiro Testamento (cf. Jo 7,41-52). Galileia é a província do Norte. Lá se achava a terra mais produtiva. Por isso, ricos locais e até estrangeiros mantinham aí seus latifúndios (cf. Lc 16,1-8; Mt 25,14-30; Mc 12,1-8). Mas a maioria da população, constituída de camponeses, passava extrema privação, sem terra, sem trabalho, sem colheita (cf. Mt 20,1-7). Era a região mais nacionalista, pátria dos levantes e de rebeliões populares contra a dominação imperialista romana e a dominação interna dos ricos. Ser galileu já era suficiente para ser visto com suspeita e desconfiança (cf. 14,70). Sobretudo depois que Judas, o Galileu, inspirando-se na memória dos macabeus, dera início nas montanhas ao movimento de guerrilhas contra os romanos. Para ele, pagar tributo ao império era gesto de idolatria, negação do primeiro mandamento. Jesus era um camponês galileu, da região das montanhas. Todo o seu mundo mental o indica, suas parábolas remetem ao ambiente da roça, da casa, do trabalho no campo. Se era carpinteiro, pedreiro ou cobridor de casa, essa tarefa devia exercê-la no tempo que sobrava do trabalho na roça. Sua região havia sofrido dura repressão da parte de Herodes por conta da revolta surgida por ocasião do recenseamento (cf. Lc 2,1-3). É esse o clima que supõe o Evangelho de Mateus ao falar da infância de Jesus (cf. Mt 1–2). Chega das margens, do interior do país, matuto e suspeito: 'De Nazaré pode sair coisa boa?' (Jo 1,43)" (SOARES, Sebastião Armando Gameleira; CORREIA JÚNIOR, João Luiz; OLIVA, José Raimundo. *Comentário Bíblico Latino-americano. Novo Testamento. Marcos*. São Paulo: Fonte Editorial, 2012, p. 56-57).

Foi nesse contexto familiar, comunitário e social de muita luta pela sobrevivência e de muita esperança que, por meio do Messias, finalmente houve uma intervenção divina na história em favor de pobres e excluídos, foi nesse contexto que Jesus foi construindo os alicerces de sua espiritualidade.

Embora nosso objetivo seja estudar a espiritualidade de Jesus a partir dos evangelhos, particularmente seguimos o Evangelho de Marcos como texto de referência, sobretudo porque é tido como o testemunho mais antigo da catequese das comunidades cristãs, trazendo-nos, quem sabe, para mais perto do Jesus histórico. Isso não impede que façamos referência aos outros evangelhos.

Vejamos, então, alguns elementos importantes da espiritualidade de Jesus, que inspiraram a espiritualidade cristã ao longo dos séculos e que servem de paradigma (modelo, referencial) para a espiritualidade cristã em nossos dias.

1. ESPIRITUALIDADE EM TEMPOS DE CRISE

Que fazer para manter o equilíbrio emocional em tempos de crise? Como enfrentar as crises do cotidiano, mantendo-se firme na fé, cultivando a esperança e a caridade (amor compassivo e solidário) para com as pessoas em situação de maior fragilidade? A espiritualidade de Jesus pode ser uma excelente resposta para tais questionamentos que têm atormentado muita gente ao longo dos séculos.

Jesus cultivou sua espiritualidade em tempos de profunda crise do modelo de mundo então existente. Naquele tempo, muita gente, sobretudo as pessoas que estavam na base da pirâmide social, esperava que a qualquer momento se desse o fim dos tempos, em que Deus iria finalmente intervir em prol do povo de Israel, libertando-o de seus dominadores.

A exploração (econômica e política) que pesava sobre o povo provocava ações de resistência, sufocadas de forma sangrenta pelo poder romano. Ainda que não existisse um movimento zelota organizado, surgiam da base popular, motivados pela fé no domínio de Iahweh sobre o povo, grupos de resistência armada que se apoiavam nas interpretações apocalípticas (de que Deus vai revelar, a qualquer momento, o seu poder em favor dos pobres) e que proclamavam ter chegado o momento do triunfo de Deus sobre seus inimigos. Essas ideias germinaram particularmente no campo. Os grupos de resistência se opunham aos impostos romanos porque eles implicavam um reconhecimento prático do direito de domínio de Roma sobre Israel (Império Romano), uma negação do domínio exclusivo de Deus.[1]

Sem dúvida, esse contexto histórico influenciou a espiritualidade de Jesus que, por isso, pode ser compreendida como uma espiritualidade "escatológica",[2] isto é, espiritualidade apropriada para enfrentar tempos de crise, em que tudo parece chegar ao fim.

A origem filosófica da palavra crise é extremamente rica e ajuda a compreender o sentido originário da palavra, a partir de três pontos interligados:[3]

1. A palavra *kri* ou *kir*, do sânscrito, língua clássica da Índia, significa desembaraçar, purificar, limpar. O português conservou ainda as palavras acrisolar e crisol, que guardam a nítida reminiscência de sua origem sânscrita. A crise age como um crisol que purifica o ouro... Acrisola os elementos que se incrustaram num processo vital ou histórico e que foram ganhando, com o tempo, papel substantivo, foram se absolutizando e tomando conta do cerne, a ponto de comprometerem a substância... Depois de qualquer crise, seja corporal, psíquica, moral, interior, religiosa, social ou estrutural e temporal, o ser

---

[1] GALLARDO, Carlos Bravo. *Jesus, homem em conflito: o relato de Marcos na América Latina*. São Paulo: Paulinas, 1997, p. 48.

[2] Escatologia (do grego antigo εσχατος, "último", mais o sufixo "logia") é uma áerea dos estudos tológocios que trata, antes de tudo, do propósito misterioso de Deus que está atravessando a história humana e levando-a à sua consumação; na linguagem comum, o termo se refere aos últimos eventos do mundo ou ao fim da humanidade, o que é uma redução do conceito teológico.

[3] Esses três pontos são de autoria de BOFF, Leonardo. *Vida segundo o Espírito*. Petrópolis: Vozes, p. 16-19.

humano sai purificado, libertando forças para uma vida mais vigorosa e cheia de renovado sentido.

2. Todo processo de purificação implica ruptura, divisão e descontinuidade. A crise é dolorosa e assume aspectos dramáticos, mas é nessa convulsão que se catalisam as forças e se acrisolam os valores positivos contidos na situação de crise. Tais valores são obtidos por meio de critérios (palavra que provém do sentido origianal de "crise"), que é a medida pela qual a gente pode julgar e distinguir o autêntico do inautêntico, o bem do mal.

3. Crise, em grego *krisis*, *krinein*, significa ainda a decisão num juízo, quando se pesam os prós e os contras e se toma uma direção. Por isso a crise é prenhe de vitalidade criadora; não é sintoma apenas de uma catástrofe iminente, mas o "momento crítico" em que o ser humano questiona radicalmente a si mesmo sobre o seu destino, sobre o mundo que o cerca, e é convocado não a opinar sobre algo, mas a se decidir. Sem essa decisão, não há vida. Ideias, nós as temos; decisões, nós as vivemos.

Como se percebe, a crise não deve ser interpretada como uma desgraça na vida de alguém, mas pode ser tomada, do ponto de vista da espiritualidade, como uma graça para encontrar novos rumos na existência. A espiritualidade que brota da crise surge da experiência de vida em meio ao dinamismo instaurado pelo misterioso propósito de Deus em relação à história humana, como se vê nos escritos proféticos e apocalípticos.

Marcado por esse dinâmico contexto histórico de crise, de fim de um estilo de vida, fim de um mundo, fim dos tempos, provavelmente em busca de respostas sobre como viver segundo os apelos de Deus em tempos de tanta perplexidade,

Jesus deixou Nazaré e foi à procura de João Batista, líder de um movimento de cunho escatológico.

Nos anos 20 do século I d.C., ele se juntou ao movimento de João Batista, que exortava todos os israelitas à conversão e, por um batismo nas águas do Jordão, prometia a salvação no juízo iminente de Deus. Aqui o Batista oferecia o perdão dos pecados de forma ritual, independentemente da expiação religiosa central do judaísmo, a qual se tornara ineficaz. Jesus também se deixou batizar por João.[4]

Esse fato está narrado logo no início do Evangelho segundo Marcos (1,1-12). Tomemos o texto para saborear alguns aspectos da espiritualidade de João Batista que serviram de alicerce na construção da espiritualidade de Jesus, do ponto de vista escatológico:

Princípio do Evangelho de Jesus Cristo, o Filho de Deus.
Conforme está escrito no profeta Isaías: "Eis que eu envio o meu mensageiro diante de ti, este preparará o teu caminho; voz de quem clama no deserto: preparai o caminho do Senhor, tornai retas suas veredas", aconteceu: João Batista no deserto, proclamando um batismo de conversão para a remissão dos pecados. Iam até ele toda a região da Judeia e os de Jerusalém – todos, e eram batizados por ele no rio Jordão, confessando os seus pecados.
E (lá) estava João vestido de pelos de camelo, um cinto de couro em volta dos rins e comendo gafanhotos e mel silvestre. E proclamava: "Está vindo após mim alguém mais forte do que eu e não sou digno nem sequer, abaixando-me, de desatar a correia de suas sandálias. Eu os tenho batizado com água, ele, porém, os batizará com Espírito Santo".

---

[4]   THEISSEN, Gerd; MERZ, Annette. *O Jesus histórico: um manual*. São Paulo: Loyola, 2002, p. 595.

E aconteceu: naqueles dias veio Jesus de Nazaré da Galileia e foi batizado por João no Jordão. E, logo ao subir da água, viu rasgados os céus e o Espírito, como pomba, descendo para ele, e uma voz se fez (ouvir) dos céus: "Tu és o meu Filho amado, em ti encontro o meu agrado".

E logo o Espírito o empurra para o deserto. E estava no deserto, quarenta dias, sendo tentado pelo Satanás; estava entre as feras, e os anjos o serviam.[5]

Prestemos atenção a alguns detalhes da narrativa para compreender os elementos que foram constituindo essa espiritualidade de cunho escatológico, que surge da experiência do mistério de Deus em meio ao fim de um modelo que se torna cada vez mais insustentável.[6]

O aparecimento de João no deserto é um claro sinal de que o fim está próximo. Tinha como tarefa primordial "pregar", "proclamar" a urgente "conversão", a mudança de comportamento e das relações (cf. Lc 3,10-14). É este o significado do termo grego *metanoia* (*poenitentia*, em latim), mudança de mentalidade, sentimentos e atitudes, que possibilita recomeço e correção de rumos na vida.[7] A pregação em torno da mudança de vida é para que as pessoas obtenham o perdão ou a remissão dos pecados.

Para tal pregação, João congrega as pessoas no deserto. Temos aqui uma fina ironia: em tempos em que tudo parece chegar ao fim (tempos escatológicos), o povo já não

---

[5]   Neste livro, ao reproduzir o texto bíblico, usamos ordinariamente a versão da Bíblia de Jerusalém, no caso, porém, preferimos a versão de nosso comentário, para deixar mais claro o teor do texto original.

[6]   Os comentários de cada trecho do Evangelho de Marcos estão baseados em: SOARES; CORREIA JÚNIOR; OLIVA, 2012, p. 47-61.

[7]   EICHER, Peter. *Dicionário de Conceitos Fundamentais de Teologia*. São Paulo: Paulus, 1993, p. 121. Verbete "conversão".

se congrega em Jerusalém. Ao contrário, sai da cidade. As instituições salvíficas, como o santuário, já tinham perdido sua eficácia (cf. Ml 3,4). Agora é no deserto que se busca a salvação, à margem do sistema social e religioso. O deserto é o lugar dos fugitivos, dos refugiados políticos revoltosos e dos bandidos. É lá também que se acham leprosos e desprezados. A margem torna-se centro de atração, espaço da reunião da Assembleia de Deus.

O que congrega a multidão nesse contexto escatológico é a voz austera do profeta eremita. Sua figura encarna a austeridade dos gloriosos tempos de luta para garantir a posse da terra e defender-se da invasão dos modelos estrangeiros de convivência social. É o ressurgimento dos consagrados dos tempos dos juízes, homens inspirados, líderes da resistência tribal.

João renuncia à carne e à bebida alcoólica, como profeta e consagrado, desde os remotos tempos da igualdade tribal (cf. Jz 13; Am 2,11-12; Lc 1,15-17), como soldado a postos, alerta ao perigo que se aproxima, sempre de prontidão. Seu alimento revela austero estilo de vida e o identifica à dura condição dos pobres e dos perseguidos que se abrigam à margem das cidades, nas grutas da solidão do deserto (cf. Hb 11,37-38). Come gafanhotos assados ou cozidos em água e sal (cf. Lv 11,22). Do oco das árvores ou pedras, retira mel de abelhas selvagens, ou mel vegetal, resina extraída de certas plantas (cf. Dt 32,13; Jz 14,8; 1Sm 14,26-30).

Veste-se como beduínos e camponeses e, como os pobres, só tem um vestido e um cinturão (cf. Dt 24,10-13). Provavelmente terá cabelos longos, como o famoso consagrado Sansão (cf. Jz 16,17) e como os combatentes do exército popular tribal (cf. Jz 5,2; At 21,24). Sua roupa, trançada de pelos de crina de camelo, e seu cinto de couro o identificam ao profeta Elias, o grande líder da resistência popular nos duros tempos de perseguição de Acabe e Jezabel (cf. 2Rs 1,8), matadores do pobre Nabot (cf. 1Rs 21). São sinais de sua autenticidade (cf. Zc 13,4). Nele o profetismo volta a proclamar a Palavra (cf. Lc 3,2). Vê-se claramente por que João não foi feito para estar nos palácios dos reis (cf. Lc 3,2; 7,24-33; Mt 11,7-18).

Por sua condição de profeta, João não é diretamente um agente político que planeje a tomada do poder, nem um simples visionário apocalíptico, apesar de sua linguagem (cf. 1,8; Mt 3,7-12). Não anuncia uma libertação repentina e automática, nem se guia por um calendário apocalíptico. O que faz é convocar o povo a preparar-se para o grande acontecimento da intervenção definitiva de Deus. Como profeta, empreende o trabalho de "conscientização" popular.

Não é de estranhar que esse contexto de cunho escatológico tenha influenciado, de algum modo, a espiritualidade de Jesus que foi batizado por João no rio Jordão. Apesar de apresentar-se sozinho, é radicalmente solidário com a multidão. Torna-se seguidor de João, caminha "após João" (cf. Jo 1,30), está "com ele", que é o mestre (cf. Jo 3,26). Comporta-se como seu discípulo. Essa mesma terminologia se usa para designar a relação de Jesus com seus próprios discípulos: "Vinde *após mim*" (Mc 1,17); "E permaneceram *com ele* aquele dia" (Jo 1,39).

Jesus vai levar adiante o trabalho de *conscientização* começado por seu mestre João: "Depois que João foi preso..." (Mc 1,14). Afasta-se bastante, porém, de seu linguajar ameaçador de tom apocalíptico (cf. Mt 3,1-12). Acentua em sua palavra o jeito de os profetas falarem e põe toda a energia em criar uma comunidade que seja a liderança e o suporte de um grande movimento de renovação do povo. Para a formação de seu grupo, procede frequentemente como os sábios que vão moldando o caráter e a mente dos discípulos. Apesar da urgência diante de um mundo que está no fim, em desagregação (de fato, no ano 70 d.C. Roma invade Jerusalém), supõe que o curso da história prosseguirá... Dos "tempos e momentos" ninguém sabe, nem mesmo o Filho (cf. Mc 13,32); o importante é ter sempre atenção aos sinais dos tempos e perceber que a "casa" está entregue ao nosso cuidado e a "figueira seca" brota novamente (Mc 13,33-37).

Em seguida, o Espírito de Deus o impeliu para o deserto (Mc 1,12). A solidão do deserto, segundo a tradição religiosa, é o lugar de decisão e encontro privilegiado com Deus, fronteira em que se é chamado a superar o risco da morte e da infidelidade. No deserto, interpelado pelos desafios do seu contexto histórico, Jesus vai se confrontando com sua consciência, na presença amorosa e silenciosa de Deus, conforme se percebe na narração das tentações de Jesus. Ele vence e com sua vitória temos a chance de ver restaurado o paraíso, o jardim original (Mc 1,13).

Por detrás dessas sugestivas imagens de deserto e jardim, está a corrente de espiritualidade dos chamados pobres de IHWH (Iahweh). Sua fonte inspiradora era particularmente a tradição de Isaías, que anunciava a libertação do exílio em Babilônia. Na volta dos grupos exilados, enquanto havia quem pusesse sua esperança na monarquia davídica (por exemplo, profetas como Ageu e Zacarias), ou na teocracia sacerdotal, simbolizada pelo Templo (como se vê em Ezequiel e Malaquias), a corrente dos pobres tinha como ideal a restauração dos laços de solidariedade entre o povo. O grande símbolo mobilizador era a "casa", a família e a rede das casas, num sistema inspirado nos vínculos clânicos e tribais de antigamente. Em termos de hoje, diríamos que sua esperança não estava nem nos poderes políticos estatais nem na religião estabelecida, mas na renovação e organização da "sociedade" civil.

Não é por acaso que Jesus escolhe doze homens para serem os doze novos patriarcas, e levanta as mulheres para assumir o papel de mães geradoras do novo povo de Deus (cf. Mc 3,13-19; 5,21-43). Sabemos que, nos evangelhos, as "casas" estão no centro dos relatos, como células criadoras do novo tecido do povo, a começar da "casa" de Jesus (Cafarnaum). Não devemos esquecer que a literatura dos tempos de reconstrução depois do exílio dá às mulheres papel de protagonistas: Rute, Judite, Ester, a amada do Cântico dos Cânticos, a casta Suzana, a Sabedoria representada em figura de mulher etc. Ora, a casa era particularmente o centro de atividade e do poder de iniciativa da mulher. Devemos notar, porém, que sua função não se esgota enquanto local de residência, como na cidade moderna, mas era a sede do artesanato e da indústria familiar, da economia, portanto, em torno da mulher: agricultura, tecelagem, fabricação de produtos derivados do couro, elaboração de alimentos etc. (cf. Pr 31,10-31; Ct 1,6.8).

No Evangelho segundo Lucas, Jesus nasce no ambiente espiritual dos pobres de IHWH, com forte presença de mulheres e de gente pobre do povo (cf. Lc 1–2). É a partir daí que ele vai enxergar o mundo e a vida e elaborar sua própria espiritualidade. É o que se vê, por exemplo, nas bem-aventuranças e em toda a sua pregação.

O deserto era o clássico lugar onde ecoava a voz do profetismo. E o profetismo era, por excelência, testemunha da espiritualidade escatológica. Nessa mesma corrente, Jesus se apresenta como o profeta dos últimos tempos, sua espiritualidade é escatológica, toma distância das fantásticas representações de quem esperava o fim do mundo para amanhã, como se vê nos escritos apocalípticos judaicos. Como para profetas e profetisas, para ele também a criação estava debaixo da soberania de Deus e, na história, sua palavra se fazia ouvir nos acontecimentos significativos que deviam ser interpretados como denúncia das relações e das estruturas de opressão e anúncio de novas possibilidades históricas.

Claro que a vida está sempre limitada pelas possibilidades da natureza e suas precariedades. O ser humano não cria a vida do nada; tem de contar com o material que o mundo lhe oferece e com o seu passado, enquanto espécie, e com o passado pessoal. Mas, mesmo assim, é livre e pode optar a favor ou contra a vida; pode decidir-se por construir com Deus, ser cocriador ou ser seu adversário e destruir. Das situações concretas é chamado a tirar lições e converter-se, voltar ao propósito original de Deus. Tudo está dirigido ao "fim" (εσχατος /éschatos/), e este é o propósito de salvação que misteriosamente se realiza na história. Em momentos de crise, quando estamos a vivenciar o "fim de um mundo", a decisão é mais sentida como urgente e decisiva. De um lado, Deus se acha no início e no momento final da criação. Mas, ao mesmo tempo, enquanto origem, fim e objetivo de tudo, se acha no "meio". Cada momento, de certo modo, é último, é único. O julgamento e a salvação irrompem a todo instante, como se vê claramente nos textos proféticos.

A espiritualidade profética de Jesus foi sendo construída nessa relação profunda com seu povo e com o seu Deus, em contexto de fim de uma era histórica para começo de uma nova realidade que já se anunciava. Sem dúvida, como vemos nos evangelhos, o clima apocalíptico da época deve ter tido forte influência sobre a espiritualidade de Jesus, seu modo de pensar e falar. O texto mais famoso é o do "discurso apocalíptico" (cf. Mc 13; Mt 24; Lc 21). Aqui e ali, nos evangelhos, defrontamo-nos também com palavras carregadas do mesmo tom de urgência do fim. Mas, na verdade, trata-se de uma espiritualidade austera, tomada de posição com os pés do chão da história, tão própria do profetismo de Israel, por ser vivida em contexto histórico marcado: a) por profunda crise das instituições até então vigentes, que não conseguiam mais dar sustentáculo às boas relações entre as pessoas; b) por profunda crise do modelo social ainda vigente, marcado por insatisfação generalizada da maioria que se via esmagada por relações sociais injustas e desumanas; c) por profunda crise de valores, em que não se sabia mais como agir segundo os critérios de Deus (cf. Mc 13).

Nesse contexto de crise, para viver a espiritualidade adequada de cunho escatológico, em tempos de intensa crise, a pessoa necessita estar em constante sintonia com Deus e seus propósitos, o mesmo que dizer em profunda intimidade, como nos diz o profeta Amós: "O Senhor IHWH não faz coisa alguma sem antes revelar o seu segredo a seus servos, os profetas (...). O Senhor IHWH falou, quem não profetizará?" (Am 3,7-8). É o que veremos adiante.

2. ESPIRITUALIDADE DE INTIMIDADE COM DEUS

Jesus fez a experiência de viver em constante e profunda intimidade com Deus. E o fez de tal modo que era conduzido pelo Espírito de Deus, conforme lemos em Mc 1,12: "Em seguida o Espírito impeliu Jesus para o deserto".

Certamente, por causa desse alto grau de intimidade com Deus, encontramos Jesus nos evangelhos em constante oração. Lucas é o evangelista que mais ressalta este traço de Jesus (conforme, por exemplo, Lc 3,21, comparado com Mc 1,10 e Mt 3,16; também Lc 9,18-28; 11,1). A oração de Jesus tem suas raízes na piedade do povo de Israel. Orar, segundo o Antigo Testamento, consiste em atitude profunda de diálogo com Deus (ouvir o que Deus diz e falar com ele). Sem dúvida, a piedade de Jesus era formada pelos salmos, a oração do povo, e pelos profetas, que tão bem expressaram a esperança do povo por uma vida social baseada no direito e na justiça, segundo a vontade de Deus.

Os evangelhos nos mostram Jesus orando em muitas ocasiões. É significativo que se recolha diante de Deus, no silêncio dos montes, apartado do burburinho da multidão, particularmente em momentos de crise, quando sente falta de avaliar em Deus o curso de seu ministério, como, por exemplo, no Getsêmani (Mc 14,32-36). No sermão do monte, temos um testemunho eloquente de como Jesus vive e compreende essa dimensão de intimidade com Deus por meio da oração (Mt 6,5-15).

Nas Escrituras cristãs o uso do símbolo religioso paterno é bastante frequente. Os intérpretes dos Evangelhos sempre ressaltam que a especial intimidade de Jesus com Deus se revela na frequência com que os textos mencionam o "Pai". Em sua consciência, esse termo revela que Deus para ele é a fonte última e íntima de seu ser e de seu agir, fonte da qual não vê como separar-se, sem a qual ele nada é (Jo 5). O "Pai" é a fonte secreta de sua energia vital, que guarda o segredo de sua vida nos colóquios constantes da intimidade em clima de oração. Deus é a misteriosa fonte secreta que deve alimentar nossas atitudes, comportamentos e relações (cf. Mt 6,5-6).

De fato, Mateus e Lucas mostram uma tendência a multiplicar o uso do termo grego πατηρ/*pater* ("pai"), na relação de Jesus com Deus. Isso já pode evidenciar a fé na filiação divina de Jesus. É, porém, importante ressaltar que em apenas três passagens Deus é invocado ou proclamado com o vocativo aramaico *abba*: uma vez por Jesus no Getsêmani (Mc 14,36),[1] as outras duas pelos crentes que por meio do Espírito assim ousam "gritar" a Deus (Gl 4,6; Rm 8,15), e o fazem certamente retomando o jeito de Jesus invocar a Deus. Marcos nunca lhe teria colocado em boca tal apelativo (*abba*), se Jesus não o tivesse usado em sua maneira de orar. É de fato um vocativo de oração totalmente original no ambiente judaico daquela época, onde não se encontra exemplo análogo.

---

[1]   Marcos 14,36: και ελεγεν αββα ο πατηρ /*kaí elegen abba o pater* "e dizia: *abba*, pai".

É provável que o termo *abba* tenha nascido do balbucio da criança, um pouco como *má* e *pá*, mas não deve ser entendido como apelativo somente de crianças para seus pais; ao contrário, é próprio de todos os filhos, pequenos e adultos. Exprime, portanto, por si mesmo, familiaridade, e não só infantil. Em conclusão, Jesus se dirigia a Deus com tons de clara familiaridade, e o uso singular de tal vocativo aramaico exprime uma relação imediata, direta, de intimidade amorosa entre Jesus e Deus.[2] Estaria bem próximo do nosso "papai", "paizinho", "painho", "meu pai"...

Chamar Deus de "pai" supõe, portanto, uma correspondência radical: tal pai, tal filho. Assim, a paternidade divina supõe participação do filho no modo de ser do pai. Dessa forma, Jesus se coloca no nível da liberdade responsável do ser humano que, imitando o amor indiscriminado de Deus, escolhe-o como seu pai. E tudo leva a crer que assim o tenha vivido.[3]

A espiritualidade de Jesus sugere, portanto, a possibilidade de se estabelecer com Deus uma relação de amor filial. Como filho, Jesus falava com Deus cheio de confiança. Essa confiança se expressa na realização da vontade de Deus: "Pai, se queres, afasta de mim este cálice! Contudo, não a minha vontade, mas a tua seja feita!" (Lc 22,42; Mt 26,39).

Jesus leva tão a sério a vontade de Deus, que sujeita ao Pai as grandes e pequenas coisas. Por isso, ora sem cessar, em diversas ocasiões. Nos evangelhos, encontramo-lo em oração nos momentos mais importantes de sua vida missionária:

---

[2] BARBAGLIO, Giuseppe. *Jesus, hebreu da Galileia: pesquisa histórica*. São Paulo: Paulinas, 2011, p. 594-595.

[3] BARBAGLIO, 2011, p. 596-597.

– Após o Batismo, antes de dar início à missão, "era conduzido pelo Espírito através do deserto" (Mc 1,12). Interessante notar que a referência ao deserto pode ser sinal de que ele se recolhia para a oração; assim, conforme a narrativa, o Espírito o conduzia para a oração.

– Logo no início de sua atividade missionária: "De madrugada, estando ainda escuro, ele se levantou e retirou-se para um lugar deserto. E ali orava" (Mc 1,35)

– Antes da escolha dos Doze, "Ele foi à montanha para orar, e passou a noite inteira em oração a Deus. Depois que amanheceu, chamou os discípulos e dentre eles escolheu doze, aos quais chamou pelo nome de apóstolos" (Lc 6,12-13).

– Antes de questionar os discípulos sobre quem de fato pensam ser ele, após um certo tempo de convivência... "Certo dia, ele orava em particular, cercado dos discípulos, aos quais perguntou: 'Quem sou eu, no dizer das multidões?'" (Lc 9,18).

– Na transfiguração. Apesar de este episódio ser narrado por Mt 17,1-9 e por Mc 9,2-10, Lucas é o único que lembra a intenção de Jesus: "subiu à montanha para orar" (9,28).

– Na hora da decisão, no monte das Oliveiras (Lc 22,39-41): "Ele saiu e, como de costume, dirigiu-se ao monte das Oliveiras. Os discípulos o acompanhavam. Chegando ao lugar, disse-lhes: 'Orai para não entrardes em tentação'. E afastou-se deles mais ou menos a um tiro de pedra, e, dobrando os joelhos, orava".

A partir dos evangelhos, pode-se concluir que Jesus, além de participar regularmente do serviço divino em dias de sábado, orando com a comunidade (Lc 4,16), também orava diariamente, conforme o costume de sua religião, o Judaísmo:[4]

---

[4] Baseamo-nos aqui nos estudos de JEREMIAS, Joachim. *Teologia do Novo Testamento: a pregação de Jesus*. São Paulo: Paulinas, 1977, p. 285-287.

– Antes e depois das refeições (cf. as histórias de multiplicação de pães, as narrativas da última ceia, a história de Emaús).

– Observava os três momentos de oração, ao meio-dia, às três da tarde e ao entardecer (a *Teplhilla*). O Cristianismo primitivo observava as três horas de oração.

A novidade presente na prática orante de Jesus, conforme relatos dos evangelhos, é que ele não se limitou aos costumes piedosos do seu povo:[5]

– Passa horas em oração (Mc 1,35; 6,46), e mesmo noites (Lc 6,12) em oração a sós, fora das horas habituais de oração (Mc 14,32ss).

– Em sua oração pessoal, Jesus ora na língua materna, o aramaico e, ao seu discipulado, dá como oração comunitária uma oração formulada na língua materna, o Pai-Nosso. Retira, desse modo, a oração do espaço litúrgico da língua sacra e a insere no seio da vida cotidiana.

– Um outro aspecto de novidade, já salientado antes, é que Jesus em sua oração, ao se dirigir a Deus, não usa epítetos (palavras que qualificam ou dão atributos a Deus, tais como "Altíssimo", "Onipotente", "Senhor"), conforme o costume do Judaísmo; a interpelação de Jesus na prece é simplesmente *abba*, palavra que expressa intimidade amorosa.

É comum nas religiões orar para adorar a Deus, louvá-lo, agradecer seus benefícios; também para pedir perdão pelo pecado, ou apresentar-lhe necessidades e carências, assim como rogar e interceder por outras pessoas. Tudo isso é espontâneo no ser humano e Jesus também assumiu essas formas de orar, exceto o pedir perdão pelos pecados. O mais original em Jesus, porém, é o que podemos chamar de "oração filial", parar e

---

[5] JEREMIAS, 1977, p. 287-289.

recolher-se para contemplar e escutar a Deus, perceber sua vontade, como se vê em Jo 5,19-47.

Nos evangelhos, a oração de Jesus tem, particularmente, dois aspectos: é "oração da vigília" que o prepara para grandes decisões, como, por exemplo, o ato de escolha dos Doze; ou é oração para superar a tentação e reassumir inteiramente a vontade de Deus, unificar-se com ele. É o que vemos quando o povo quer retê-lo como "máquina" de fazer milagres em Cafarnaum (Mc 1,35); quando querem aclamá-lo rei, após o sinal da partilha do pão (cf. Jo 6,15; Mc 6,45-46), ou no Getsêmani, diante da tentação de fugir da cruz (Mc 14,36).

Nessa intimidade com o Pai, foi crescendo em confiança (fé, do grego pisti$V$, significa "confiança"), a ponto de colocar sua vida e segurança nas mãos de Deus, em meio aos conflitos do cotidiano da vida missionária. Jesus testemunha aquela confiança radical que abre o ser humano à vida, às relações sem exclusão, ao novo, ao futuro; confiança que comunica segurança de si, "autoridade" (no grego do Novo Testamento, *exousia*), poder viver com coragem e alegria. O contrário de fé não é a incredulidade, mas o medo que fecha a pessoa em si mesma e a arrasta à idolatria, que é justamente a ilusão narcisista de projetar na falsa imagem de si mesma a angústia do próprio vazio de poder.

Na intimidade com Deus por meio da oração, foi cultivando o amor a Deus, que se expressou concretamente no amor solidário para com as pessoas do seu contexto histórico. De fato, conforme a teóloga alemã Dorothee Sölle, "o verdadeiro amor a Deus tem que se apresentar à realidade na qual vivemos".[6]

Vale a pena acompanhar Jesus no Evangelho de São João e perceber, ao longo do texto, como é profunda, radical, sua

---

[6] SÖLLE, Dorothee. *Deve haver algo mais: reflexões sobre Deus*. Petrópolis: Vozes, 1999, p. 101.

intimidade com Deus. Os autores do Evangelho conseguiram interpretar de maneira estupenda o que se passava no estrato profundo da consciência de Jesus. Aliás, deve ser por essa intimidade que podemos tocar sua consciência de ser "filho". Se o imaginarmos com o sentimento e conhecimento de "ser Deus", esvaziaremos o mistério da encarnação, pois esta exige que seja "Deus *feito* homem", não simplesmente "Deus *e* homem", como se fossem duas partes paralelas de seu ser. Não, Jesus é Deus encarnado, tornado realmente homem, carne, isto é, ser histórico, em construção, tendo de contar com a contingência e precariedade própria de nossa espécie. É o que nos ensina o apóstolo Paulo em Fl 2,5-11. Ora, é absolutamente característico do ser humano sentir-se *diante* de Deus. Jesus também se sente homem diante de Deus, mas sem a ilusão, infelizmente tão frequente em nós, de poder subsistir de modo autônomo, *sem* Deus. Sua referência a Deus é radical, isto é, nele se sente enraizado, não se pode imaginar apartado dele, fora dele sente-se nada. Ao sentir-se filho, sabe profundamente que Deus é sua fonte inseparável; só se sente "alguém", homem, em Deus. Deve ser essa a experiência humana (pois toda experiência sua tem de ser humana) de sua divindade. Racionalmente, não "sabe" que é Deus, mas experiencialmente só compreende a si mesmo, seu ser e sua missão, em Deus, a partir dele e para ele, em intimidade filial absoluta.

Nessa linha, a partir da espiritualidade de profunda intimidade com Deus, Jesus foi expressando esse amor na prática solidária cotidiana de amor para com as pessoas com quem convivia em sua missão e para aquelas que foram as destinatárias de sua missão evangelizadora na Palestina do século I. É o que veremos a seguir, naquilo que denominamos "espiritualidade do amor solidário".

3. ESPIRITUALIDADE DO AMOR SOLIDÁRIO

Na intimidade amorosa com Deus, Jesus foi se envolvendo numa experiência prática do amor solidário para com as pessoas. Esse amor não é algo abstrato, que se perde no vazio das palavras desencarnadas da vida. Não. A solidariedade de Jesus se expressa em gestos concretos em prol da vida das pessoas, homens e mulheres com quem se depara em sua vida missionária.

É o que se pode perceber logo no início do Evangelho de Marcos (1,23-34), onde encontramos Jesus em plena atividade missionária. É interessante que essa atividade consiste em restaurar a saúde das pessoas para que exerçam o seu protagonismo na sociedade, dentro do espaço em que atuam, seja na vida pública ou na vida privada.

Vejamos a perícope em que Jesus cura um homem e uma mulher:

> Nesse momento, estava na sinagoga um homem possuído por um espírito mau, que começou a gritar: "Que queres de nós, Jesus Nazareno? Vieste para nos destruir? Eu sei quem tu és: tu és o Santo de Deus!". Jesus ameaçou o espírito mau: "Cale-se, e saia dele!". Então o espírito mau sacudiu o homem com violência, deu um grande grito e saiu dele. Todos ficaram muito

espantados e perguntavam uns aos outros: "O que é isso? Um ensinamento novo, dado com autoridade... Ele manda até nos espíritos maus e eles obedecem!". E a fama de Jesus logo se espalhou por toda parte, em toda a redondeza da Galileia.

Saíram da sinagoga e foram logo para a casa de Simão e André, junto com Tiago e João. A sogra de Simão estava de cama, com febre, e logo eles contaram isso a Jesus. Jesus foi aonde ela estava, segurou sua mão e ajudou-a a se levantar. Então a febre deixou a mulher, e ela começou a servi-los.

À tarde, depois do pôr do sol, levavam a Jesus todos os doentes e os que estavam possuídos pelo demônio. A cidade inteira se reuniu na frente da casa. Jesus curou muitas pessoas de vários tipos de doença e expulsou muitos demônios. Os demônios sabiam quem era Jesus, e por isso Jesus não deixava que eles falassem.

Destaquemos aqui alguns aspectos que merecem a nossa atenção:

• *Primeiro*: a cura do homem e da mulher nos seus respectivos espaços.

A primeira cura, de um homem conturbado mentalmente, ocorre no espaço público (a sinagoga). A segunda cura, de uma mulher com o corpo debilitado pela febre, ocorre no espaço privado (a casa).

– No espaço público, a cura de um homem: no mundo de cultura greco-romana do século I, inclusive na Palestina, o espaço público diz respeito a tudo aquilo que tem a ver com a administração da cidade, e constitui um local sob o domínio dos homens.

A sinagoga é, no Judaísmo, um desses locais. Por exemplo, a direção da sinagoga estava sob o poder dos anciãos, que eram provavelmente os homens mais influentes da comunidade. A gestão, a manutenção da sinagoga e a ordem dos serviços estavam a cargo de um *archisynagogos* ou "chefe da sinagoga"

(Lc 8,41; At 18,8.17+). Os responsáveis pela tarefa de liderar a Instrução (ensinamentos da *Torá* ou *Torah*[7]) eram os escribas.[8] No espaço sinagogal, lugar das relações formais e das instruções legais, lugar da intelectualidade e da racionalidade reservada aos instruídos, os homens e as mulheres sentavam-se em lugares separados durante as reuniões.[9] Nesse ambiente hegemônico masculino, encontra-se um homem incapaz de pensar livremente, alienado de si mesmo, "possuído", isto é, "sob o domínio" de um espírito impuro. Qual o simbolismo que está por trás dessa narrativa?

A narrativa de Marcos sugere à nossa interpretação que o lugar público onde os líderes comunitários cultivavam os valores sociorreligiosos hegemônicos (androcêntrico e patriarcal[10]), o lugar onde eram (re)produzidas as ideias, enfim, o campo ideológico e político dominante, este lugar estava em crise, pois havia um homem com o juízo fragilizado, tomado e controlado pelas forças do mal (simbolizadas pelo personagem endemoninhado), em guerra contra quem, lucidamente, de sã consciência, promovia a vida (simbolizado pelo personagem Jesus).

---

[7] A palavra hebraica *Torah* ficou conhecida como "lei". Mas seu sentido original corresponde a "instrução". Esta "instrução" referia-se a preceitos éticos, morais e cultuais revelados por Iahweh Deus, transmitidos por meio das Sagradas Escrituras que constituem o Pentateuco. Assim, a *Torah*, provavelmente nesse sentido, é mencionada em Is 8,20; Jr 2,8; 18,18; Am 2,4. MACKENZIE, John L. *Dicionário Bíblico.* São Paulo: Paulinas, 1984, p. 539. Verbete "lei".

[8] Segundo Joaquim Jeremias, "as instruções dos escribas (a partir da Torá) só se abriam para os homens e meninos... Segundo Dt 31,12, as mulheres podiam, como os homens e as crianças, penetrar na parte da sinagoga utilizada para o culto, mas estacas e grades separavam o local que iriam ocupar...". JEREMIAS, J. *Jerusalém no tempo de Jesus: pesquisas de história econômico-social no período neotestamentário.* São Paulo: Paulinas, 1983, p. 491.

[9] MACKENZIE, 1984, p. 862. Verbete "sinagoga".

[10] "Enquanto o androcentrismo funciona como explicação linguístico-ideológica do mundo, o patriarcado constrói relações estruturais e institucionais de dominação". FIORENZA, Elisabeth Schüssler. *Caminhos de sabedoria: uma introdução à interpretação bíblica feminista.* São Bernardo do Campo: Nhanduti Editora, 2009, p. 133.

– O espaço privado, a cura de uma mulher: em contraposição ao espaço público, lugar sob a liderança de homem, a casa é o espaço privado da intimidade familiar, cujo protagonismo – na cultura patriarcal – é exercido na prática pela mulher.

Pesquisas recentes confirmam que "a diferenciação das esferas específicas de gênero – dimensão pública da *pólis*, por um lado, e da casa, por outro – disponibiliza uma moldura estrutural que torna possível diferenciar, em termos psicológicos, culturais, sociais e econômicos, os lugares de homens e de mulheres nas sociedades antigas.[11]

A diferença, no entanto, não deveria ser identificada simplesmente com os conceitos modernos "público" e "privado". Pois, na mesma proporção em que as mulheres não estavam totalmente banidas da dimensão pública e, por conseguinte, da vida política da *pólis*, também a casa, como seu âmbito central de vida, possuía relevância política e não era simplesmente um espaço privado que transcendia os discursos públicos ou que não tinha influência sobre eles. Mas é perfeitamente possível dizer que a diferenciação das competências e papéis de mulheres e homens na casa e na dimensão pública, em princípio, era orientada e organizada conforme o específico de cada gênero.[12]

Desse modo, independentemente do seu status social, as mulheres tinham, em comparação com os homens, muito menos acesso aos meios políticos, econômicos e sociais da vida pública.

---

[11] STEGEMANN, Ekkehard W.; STEGEMANN, Wolfgang. *História social do protocristianismo: os primórdios no judaísmo e as comunidades de Cristo no mundo mediterrâneo.* São Paulo: Paulus, 2004, p. 406.

[12] STEGEMANN; STEGEMANN, 2004, p. 406.

O âmbito especial das mulheres é a casa e nela principalmente a parte reservada às mulheres, que, em princípio, estava proibida aos homens (o acesso era liberado, no máximo, aos parentes, escravos ou pessoas de status inferior). Correspondentemente, relações íntimas somente são possíveis em si entre membros da economia doméstica; apenas nela também as relações sexuais têm o seu espaço legítimo. As mulheres devem – na medida do possível – ficar dentro da casa, pois elas são "repositórios" da honra masculina. Elas precisam ser protegidas de contatos com homens de outras economias domésticas, que poderiam maculá-las.[13]

É para esse espaço privado da intimidade familiar e das relações mais próximas que se dirige Jesus com seus primeiros discípulos, Simão Pedro e André, Tiago e João. Ali encontram a sogra de Pedro acamada, com febre. E Jesus recupera a saúde dela, que logo "se põe a servi-los".

Qual o simbolismo que está por trás dessa narrativa? Ao recuperar a saúde da mulher, no espaço da casa, Jesus não só lhe devolve a força, a energia para se levantar: uma vez curada, ela logo se põe a servir. O emprego do verbo "servir" nesta perícope do Evangelho de Marcos é claramente no sentido de servir à mesa.[14] Contudo, este serviço não é insignificante. Pelo contrário, apesar de singelo, é importante por se tratar de acolhida a Jesus e a seus discípulos itinerantes, a fim de que pudessem – também eles – recuperar as energias para dar continuidade à missão.

É importante ressaltar que o Movimento de Jesus é constituído por homens e mulheres itinerantes, que tinham

---

[13] STEGEMANN; STEGEMANN, 2004, p. 417.

[14] Ver a discussão sobre o emprego que Marcos faz do verbo "servir", em STEGEMANN; STEGEMANN, 2004, p. 423-425.

o apoio de pessoas que os acolhiam em suas casas. O serviço da sogra de Pedro é, portanto, de suma importância para a evangelização. Além disso, não devemos esquecer que a categoria "serviço" (servir, ser servo, ser o menor etc.) é o que, de acordo com o Novo Testamento, caracteriza a identidade do discipulado e o exercício da missão (cf. Mc 9,33-37; 10,41-45; Rm 12,10, Gl 5,13; Fl 2,1-4.6-11 e Ef 5,21).

• *Segundo*: O protagonismo de Jesus em ambos os cenários.

Em ambas as curas realizadas em cenários diferentes, Jesus é o personagem principal, o protagonista por excelência. Assim, vejamos:

– Primeira cena: Jesus na sinagoga: a simples presença de Jesus naquele espaço da religião oficial aguça a crise ali existente: a presença do mal. O homem possuído pelo espírito impuro se exaspera, manifesta-se gritando contra a vinda de Jesus de Nazaré, como que antecipando sua ruína: "Que queres de nós, Jesus Nazareno? Vieste para arruinar-nos". Interessante perceber aqui uma perfeita síntese teológica, reconhecida pelas forças maléficas: o mal, pela boca do homem possesso, sabe quem é Jesus: "O Santo de Deus". O Jesus humano natural de Nazaré é o Enviado (o Messias, o Cristo) de Deus.

Um outro aspecto importante, nessa primeira cena, é que parece haver uma guerra santa entre o espírito impuro que possui o homem (sem nome) e aquele homem (Jesus) que é animado pelo Espírito Santo de Deus (isso, inclusive, está contemplado em Mc 3,23-27). E a ação consiste tão somente em libertar o homem daquilo que o impede de pensar e de agir por si mesmo. Como escreveu Rinaldo Fabris, "O poder demoníaco revela-se de maneira visível nas situações de desintegração e violência convulsa [agitada], que caracterizam algumas formas de doença. O poder de Deus em Jesus se manifesta ao invés como força que reintegra o homem na plena dignidade e liberdade".[15]

Jesus é o protagonista porque age com poder extraordinário, tão somente pela força da Palavra com autoridade. Jesus o "conjurou severamente", isto é, insurgiu fortemente contra o mal, ordenando: "Cala-te e sai dele". Importante perceber as palavras fortes bem escolhidas, com verbos no modo imperativo, para passar ao leitor/ouvinte o vigor e a dramaticidade da cena. A palavra poderosa de Jesus causa grande desconforto ao espírito impuro, que sacode o homem violentamente, fazendo-o soltar um estrondoso grito, antes de finalmente deixá-lo.

A cena impressiona, sem dúvida, por sua dramaticidade. Jesus, imbuído de poder divino, age como o profeta, o consagrado a Deus, *nazir* (de Deus), traduzido no grego da Septuaginta por "santo de Deus" (Jz 13,7; Am 2,11-12). Sua missão é instaurar o Reino de Deus, destruindo numa guerra santa (sem armas fabricadas por mãos humanas, mas tão somente pela Palavra com Autoridade Divina) o domínio do adversário, espírito impuro.[16]

– Segunda cena: Jesus na casa de Simão e André: tanto no ambiente público como na esfera privada, encontramos pessoas, de ambos os sexos, dominadas por algum tipo de mal (que toma conta da mente e do corpo).

Na cultura daquela época, a enfermidade estava muitas vezes associada à possessão diabólica (cf. 1,34; 3,10-11; 6,13; Lc 13,10-17). A febre é como um demônio que queima (cf. Lc 4,39) e devora o corpo por dentro, fazendo embaçar os olhos e consumir a vida (cf. Lv 26,16). No caso da sogra de

---

[15] FABRIS, Rinaldo. *Jesus de Nazaré*. São Paulo: Loyola, 1985, p. 439.
[16] FABRIS, 1985, p. 439.

Pedro, a febre leva à prostração e é sinal de enfermidade. Do ponto de vista teológico, se a criação é obra de Deus, sua desintegração é naturalmente atribuída à potência satânica.

Ao ser imediatamente informado sobre a situação, num ato contínuo, ele prontamente se aproxima dela, toma-a pela mão e a faz levantar-se. Ela de pé, restabelecida, põe-se a servi-los. Na cena percebe-se claramente que a missão de Jesus consistia em restaurar a saúde da pessoa necessitada, soerguendo-a. Que bom se a pessoa, uma vez recuperada, tomasse a iniciativa – conforme a sogra de Simão Pedro – de colocar-se a serviço dessa mesma missão de Jesus e dos seus discípulos. Como lemos no texto: "A febre a deixou e ela se pôs a servi-los".

Sem dúvida, o evangelista Marcos conseguiu captar a essência da missão de Jesus: cuidar da saúde do povo, cuidar das pessoas, motivado por profunda compaixão, pois as mesmas estavam abandonadas à própria sorte, como rebanho sem pastor (Mc 6,34). O evangelista João retomou essa compreensão sobre a missão de modo brilhante ao demonstrar a autocompreensão de Jesus a respeito: "Eu vim para que tenham a vida, e a tenham em abundância" (Jo 10,10).

Os evangelhos estão cheios de relatos de curas realizadas por Jesus, motivadas por sua compaixão (sofrer com) e misericórdia (assumir com o coração, profundamente, a miséria alheia). Episódios típicos são: a purificação do homem leproso (cf. Mc 1,40-45), a cura da mulher com hemorragia e o levantamento da menina (cf. Mc 5,23-43), assim como a restituição do filho a sua mãe por ocasião de enterro na vila de Naim (cf. Lc 7,11-17).

Em sua missão restauradora da saúde do povo, Jesus glorifica profundamente a Deus, Criador do homem e da mulher. Inspirado nos evangelhos, Santo Irineu de Lyon (130-202 d.C.), um dos Pais da Igreja, numa de suas frases mais conhecidas (no livro *Contra heresias* ou *Adversus Haereses*, publicado em 180 d.C.), afirma que "A glória de Deus é o homem vivo". E, ao se referir a Jesus como o Verbo de Deus, acrescenta:

> e a vida do Homem consiste em ver a Deus. Pois se a manifestação de Deus, que é feita por meio da criação, permite a vida de todos os seres vivos na terra, muito mais a revelação do Pai que nos é comunicada pelo Verbo, comunica a vida àqueles que amam a Deus (*Adversus Haereses*, IV, 20, 7).

Em nossa América, Dom Oscar Romero parafraseou Santo Irineu e exclamou: "A glória de Deus é o pobre de pé", o pobre com pleno direito a viver com dignidade.

Há, de fato, nas entrelinhas da narrativa, uma expectativa crescente para que Jesus faça algo pela saúde do povo. Após a cura da mulher, ao entardecer, quando o sol se pôs (o que remete o leitor a um cenário sombrio), trouxeram-lhe "todos os enfermos e endemoninhados". Não é mais só uma pessoa enferma ou endemoninhada. São literalmente "todos". E, num exagero tipicamente marcano, para enfatizar o que quer ressaltar, "A cidade inteira aglomerou-se à porta".

Essa interpretação ou hermenêutica da atividade terapêutica de Jesus a partir de Mc 1,23-34 é excelente para fundamentar uma espiritualidade fecunda, capaz de gerar saúde nas pessoas com quem nos deparamos na vida. Vemos que, de forma alguma, se trata de uma espiritualidade estéril, intimista, que só serve egoisticamente para a pessoa como lenitivo em sua vida. Definitivamente não!

É bom notar que as palavras "salvação" e "saúde" têm a mesma origem: *salus, salutem*. Na mentalidade da Bíblia, não se trata só de salvar a alma, mas de restaurar a pessoa em sua integridade e totalidade (cf. Mt 10 e Lc 10).

A espiritualidade de Jesus é espiritualidade fértil, capaz de gerar vidas onde quer que ele esteja em sua ação missionária, tanto no espaço público como no espaço privado. A transformação é radical e global, o que foi formulado de forma lapidar pelo apóstolo Paulo em Rm 12,1-2: "Exorto-vos, portanto, irmãos, pela misericórdia de Deus, a que ofereças vossos corpos como sacrifício vivo, santo e agradável a Deus: este é o vosso culto espiritual".

4. ESPIRITUALIDADE DE COMUNHÃO

A espiritualidade de Jesus não é aquela praticada por eremitas que se exilam no alto de um monte ou num deserto, e ficam ali em oração, longe do mundo. Embora tenha procurado lugares solitários para orar, Jesus não buscou ficar no isolamento. Procurou, logo no início, participar de um grupo, o de João Batista. Em seguida, formou seu próprio grupo (Mc 1,16-20; 3,13-19).

Embora nesses trechos de Marcos só tenhamos o chamado de homens, é importante ressaltar que no Evangelho de Lucas, após o chamado dos Doze, mencionados pelo nome (Lc 6,12-16), temos o chamado de três mulheres, também mencionadas pelo nome (Lc 8,1-3).

> Naqueles dias, ele foi à montanha para orar e passou a noite inteira em oração a Deus. Depois que amanheceu, chamou os discípulos e dentre eles escolheu doze, aos quais deu o nome de apóstolos [palavra que significa "enviados"]: Simão, a quem também deu o nome de Pedro, e seu irmão André; Tiago e João; Filipe e Bartolomeu; Mateus e Tomé; Tiago, filho de Alfeu, e Simão, chamado Zelota; Judas, filho de Tiago, e Judas Iscariotes, aquele que se tornou traidor (Lc 6,12-16).
>
> Depois disso, Jesus andava por cidades e povoados, pregando e anunciando a Boa Notícia do Reino de Deus. Os Doze iam com ele, e também algumas mulheres que haviam sido curadas de espíritos maus e doenças: Maria, chamada Madalena, da qual haviam

saído sete demônios; Joana, mulher de Cuza, alto funcionário de Herodes; Susana, e várias outras mulheres, que ajudavam a Jesus e aos discípulos com os bens que possuíam (Lc 8,1-3).

Não devemos esquecer a samaritana, tornada missionária entre seu povo (cf. Jo 4,39-42), e as mulheres enviadas a anunciar a ressurreição (cf. Mt 28,1-10; Jo 20,11-18). A missão era difícil. Por isso, Jesus não agiu sozinho: ele era participante e líder de um grupo de homens e mulheres. Veja o gráfico do grupo de Jesus (no centro) e do Movimento de Jesus como um todo:

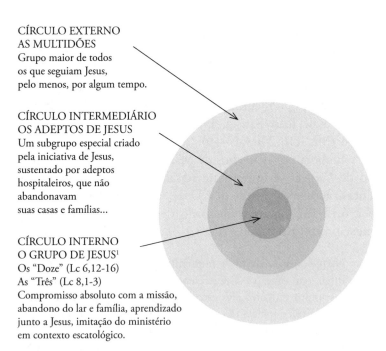

CÍRCULO EXTERNO
AS MULTIDÕES
Grupo maior de todos
os que seguiam Jesus,
pelo menos, por algum tempo.

CÍRCULO INTERMEDIÁRIO
OS ADEPTOS DE JESUS
Um subgrupo especial criado
pela iniciativa de Jesus,
sustentado por adeptos
hospitaleiros, que não
abandonavam
suas casas e famílias...

CÍRCULO INTERNO
O GRUPO DE JESUS[1]
Os "Doze" (Lc 6,12-16)
As "Três" (Lc 8,1-3)
Compromisso absoluto com a missão,
abandono do lar e família, aprendizado
junto a Jesus, imitação do ministério
em contexto escatológico.

---

[1] O grupo de Jesus era uma facção com atividade extragrupo, isto é, voltada para fora do grupo. A tradição do Evangelho refere-se ao grupo de Jesus com uma missão para a sociedade israelita como um todo, também para a Galileia, Pereia e Judeia. O grupo que Jesus liderou tinha, portanto, as características de um movimento social: membros do grupo trabalhavam para mudar aspectos da estrutura social que provocavam exclusão social. MALINA, Bruce J. *O evangelho social de Jesus: o Reino de Deus em perspectiva mediterrânea.* São Paulo: Paulus, 2004, p. 56.

Com esses homens e mulheres (não se sabe exatamente quantas pessoas eram, pois os números têm forte conotação simbólica), Jesus foi gradativamente formando um grupo de discípulos e discípulas missionários, que colaboravam diretamente na missão de viver e anunciar uma experiência de vida segundo os critérios do Reino de Deus.

Com tais pessoas, Jesus foi desenvolvendo uma espiritualidade cujos ensinamentos estão presentes nas páginas dos evangelhos. Trata-se de uma espiritualidade que denominamos aqui "de comunhão" por, pelo menos, três motivos:

– Em grupo, Jesus e as pessoas com quem conviveu puderam se conhecer melhor, apoiando-se mutuamente em suas vulnerabilidades, fraquezas e virtudes, colocando seus dons materiais e talentos pessoais a serviço uns dos outros (por exemplo, isso está claro na cura da sogra de Pedro, em Mc 1,29-31).

– Em grupo, Jesus e as pessoas com quem conviveu puderam aprofundar a fé, buscando fazer a vontade de Deus, substituindo os laços de consanguinidade (tão importantes em sua cultura) pelos de companheirismo na missão. Isso está evidente na passagem de Mc 3,31-35 (cf. Mt 12,46-50; Lc 8,19-21), em que solicitam a Jesus interromper a pregação para atender seus familiares que o chamavam à porta. Diante da situação, ele aproveitou para questionar: "'Quem é minha mãe e meus irmãos?' E, repassando com o olhar os que estavam sentados a seu redor, disse: 'Eis a minha mãe e os meus irmãos. Quem fizer a vontade de Deus, esse é meu irmão, irmã e mãe'".

– Em grupo, Jesus e as pessoas com quem conviveu puderam, sobretudo, desenvolver uma vida segundo o Espírito de Deus, por meio do estudo e da reflexão em torno das Sagradas Escrituras, relidas e reinterpretadas à luz da vida cotidiana e suas necessidades, como vemos no episódio da colheita de espigas (Mc 2,23-28) e da cura do homem da mão seca (Mc 3,6).

Os evangelhos descrevem a convivência de Jesus com seu grupo como de família. Os novos ideias do Reino de Deus reúnem, criam novos vínculos e, assim, surge uma nova "casa", a partir da qual toda a vida se redivive pelas categorias do serviço recíproco e da partilha dos bens (cf. Mc 1,29-31). Trata-se de realidade tão radicalmente nova, que Jesus chega a falar de "nascer de novo" (cf. Jo 3). Essa comunhão de família se reflete na convivência das primeiras comunidades cristãs, como se pode ver nos Atos dos Apóstolos, capítulos 1 a 7, e nas epístolas (cf. 1Cor 11,17-33).[2]

Ao longo dos séculos, muitas pessoas de fé cristã viveram intensamente a espiritualidade de comunhão fraterna, fazendo intensa experiência de vida comunitária. Só para citar algumas, de tradição católica:

– São Bento, no século VI – Beneditinos.

– São Francisco de Assis, no século XI-XII (1182-1226) – Franciscanos.

– Santo Inácio de Loyola, no século XV-XVI (1491-1556) – Jesuítas.

– Santa Teresa de Ávila, no século XVI (1515-1582) – Carmelitas.

– São João Bosco, no século XIX (1815-1888) – Salesianos.

– Chiara Lubich, no século XX-XXI (1920-2008) – Movimento dos Focolares.

Para São Bento, o mosteiro não era feito para pessoas extraordinárias, mas simplesmente o exercício da vida cristã, à qual todas as pessoas são chamadas, como diz o Concílio

---

[2] Sobre a importância e o significado do símbolo da casa nos evangelhos, conferir: SOARES, Sebastião Armando Gameleira; CORREIA JÚNIOR, João Luiz; OLIVA, José Raimundo. *Comentário do Evangelho de Marcos*, p. 21-25.

Vaticano II: todas as pessoas são chamadas à santidade. Por isso, o mosteiro não devia ser outra coisa senão uma "escola para exercitar-se no serviço ao Senhor".

Temos notícia de como os mostreiros, centros de vida comunitária, foram importantes polos de irradiação missionária na formação do Cristianismo nas ilhas britânicas. Não é por acaso que os três principais heróis da Igreja Angla, origem da "Ecclesia Anglicana", eram monges: Patrício (387-461), missionário na Irlanda; Columba de Iona (521-597), missionário na Escócia; Agostinho, arcebispo de Cantuária em 597; sem falar de Anselmo (1038-1109), também arcebispo de Cantuária.

Modernamente, a espiritualidade vivida por Chiara Lubich e seu grupo de amigos e amigas foi muito cedo definida como "espiritualidade de comunhão", em vista da unidade, a fim de "que todos sejam um" (Jo 17,21).

Em nossa época, na América Latina, temos visto um intenso ressurgimento da dimensão comunitária na Igreja cristã. Basta pensar nas comunidades populares pentecostais, nas comunidades de base da Igreja Católica e nas Novas Comunidades Católicas (formadas por mulheres e homens, solteiros e casados, que, em vida comunitária, trabalhavam juntos, partilhavam os frutos do trabalho entre seus membros e se dedicavam inteiramente à envangelização). Sem dúvida, a espiritualidade de comunhão é traço essencial da vida cristã.

Todas as formas de espiritualidade, vividas por essas e tantas outras pessoas ao longo destes dois mil anos, se inspiram, sem dúvida, na espiritualidade de comunhão vivida por Jesus e seus amigos e amigas no Senhor.

A vida comunitária é, contudo, exigente, desafiadora; supõe a capacidade de lidar com personalidades diferentes, algumas das quais de difícil convivência. Para tanto, é importante cultivar um outro aspecto da espiritualidade que ajude a enfrentar conflitos. É o que veremos a seguir...

5. ESPIRITUALIDADE DO CONFLITO

Jesus não vivenciou uma espiritualidade do tipo "fuga do mundo", circunscrita a pequenos grupos que se fecham como num casulo, enquanto esperam passivamente a intervenção final de Deus na história. Pelo contrário. Ele vivenciou uma espiritualidade que o impulsionava a inserir-se no mundo, animado pelo Espírito Santo de Deus.

Inserido na crise do seu contexto histórico, corajosamente, Jesus não só enfrentou os conflitos provocados pelas forças maléficas deste mundo, mas sua simples presença carismática aguçava ainda mais os conflitos, pois ele vinha instaurar o Reino de Deus em plena crise causada pelo antirreino (representado pelo sistema do Templo, pelo reino de Herodes e a dominação romana). Como nos conta o Primeiro Testamento a respeito do profeta Elias (cf. 1Rs 18,16-19; Mc 12,38-44).

No Evangelho de Marcos, Jesus entra em cena após a prisão de João Batista. É o que percebemos em Mc 1,14-15: "Depois que João foi preso, veio Jesus para a Galileia proclamando o Evangelho de Deus: 'Cumpriu-se o tempo e o Reino de Deus está próximo. Arrependei-vos e crede no Evangelho'".

A prisão de João é o marco trágico para o começo da ação de Jesus.[1] No conflito entre Herodes e João, preso o mestre, Jesus resolve retomar a missão dele. Muitos o viam como seu continuador (cf. Mc 6,14; 8,28). Porém, Jesus não continua simplesmente a missão do Batista; prossegue por caminho próprio e original:

– Volta à terra natal, Galileia, não para batizar como sinal de purificação dos pecados, mas para anunciar a salvação no novo tempo que revela o Reino de Deus.

– Jesus não insiste em conversão para escapar do castigo, mas para acolher o Reino.

– O Reino que anuncia não está para chegar... Este já se faz presente como nova possibilidade atual de viver diferente dos critérios do antirreino, segundo a vontade de Deus.

– O que o centro do poder sociorreligioso nega ao povo, Jesus o anuncia como oferta de Deus e vai demonstrá-lo por suas ações: curas, comunhão com pessoas pecadoras, solidariedade com as pessoas marginalizadas.

– Em vez de agir como um juiz apocalíptico, semelhante a João Batista, de cujo castigo não se escapa, Jesus anuncia a chance da salvação. A conversão relaciona-se com o aproximar-se de Deus. É apelo profético aos marginalizados para que (a) sintam que é possível agir em prol da vida pessoal e comunitária, (b) que é necessário não se entregar ao destino de miséria e (c) que é urgente começar agora o trabalho em grupo, comunitário, para mudar o curso da história.

Para levar a cabo essa missão em meio aos conflitos de sua época, Jesus cultivou uma espiritualidade apropriada que lhe

---

[1] O que vem a seguir sobre "espiritualidade do conflito" é baseado em: SOARES, Sebastião Armando Gameleira; CORREIA JÚNIOR, João Luiz; OLIVA, José Raimundo. *Comentário do Evangelho de Marcos*, p. 64-69.

dava ânimo, coragem, força, poder... Onde buscar tal energia senão no Espírito de Deus? Ele o conduzia em sua missão. Iniciou seu trabalho a partir da Galileia (cf. Mt 1,14a e 14,28). Esta torna-se o ponto simbólico de onde parte o anúncio. Já não é mais Jerusalém, nem o Templo, nem a aristocracia teocrática o centro irradiador da salvação. Esta brota agora das margens como luz para povos que jazem nas trevas (cf. Mt 4,12-17; Is 8,23–9,1). Vai ao encontro do povo, em sua vida cotidiana, em região marginalizada e tida como impura, ponto de passagem para as trevas dos pagãos. Pela planície da Galileia e pelo lago de Genesaré, abria-se a porta para os gentios (o mundo fora da cultura de Israel).

Animado por uma espiritualidade apropriada (a espiritualidade do conflito), Jesus – corajosamente – dá início à proclamação do Reino de Deus. Todos aguardam uma mudança radical que assegure a Israel o triunfo, a liberdade e o governo independente do Rei-Messias. Tudo isso evocava imediatamente o golpe definitivo contra os romanos e a reconquista da autonomia. Jesus não hesita em usar expressão claramente carregada de conotação política, "Reino de Deus". Na tradição profética e apocalíptica é categoria crítica de todo absolutismo terreno. Qualquer poder, civil, militar ou religioso, é relativizado e julgado pelos critérios superiores de Deus. Acabam-se reis, poderosos, governantes, sacerdotes. Deus é a única autoridade. A exploração e a dominação terminam. Diante da questão do tributo ao imperador, não se intimida: "O que é de César, daí a César; o que é de Deus, a Deus" (Mc 12,17). Em outras palavras, devolvam o ídolo a si mesmo, desfaçam-se dele e restituam a Deus a sua vida, o seu povo.

Também para Jesus o Reinado de Deus significa nova ordem da sociedade, sob a soberania de Deus. É nova ordem econômica, política, social e cultural, como se vê por suas palavras em trechos de Mc 10 e 12. Só que não adota as interpretações, aliás divergentes, de seus contemporâneos. De maneira original, reinterpreta o conceito insistindo sobre a correspondência entre a chegada do Reino e a mudança radical de vida.

O que se exige das pessoas é uma mudança de comportamento que parta do mais profundo do coração (do grego, *metanoia*). É como mudar radicalmente a direção da caminhada, inverter o próprio percurso, buscar novos marcos de referência. É preciso abrir-se ao acontecimento do Reino, deixar-se levar por seu dinamismo, acolhendo a soberania de Deus na própria vida. Essa nova consciência, resultado do trabalho profético de "conscientização", lembrando-nos do saudoso Paulo Freire, se manifesta em novas relações humanas a partir das quais a situação das pessoas realmente muda: pobres recuperam sua dignidade, quem está marginalizado é acolhido e o poder se redefine como serviço fraterno ao conjunto do povo.

"Crer", do grego *pístis*, "confiança", traduz um verbo hebraico que quer dizer "estar firme", sentir-se confiante, sem vacilar. Daí deriva a ideia de fidelidade. Crer é ser fiel. Nossa palavra "amém" é um termo hebraico da mesma raiz que significa "firme", digno de confiança, bem estabelecido. Não se trata de admitir o Evangelho como se aceitasse uma nova crença, mas de empenhar a própria vida, estabelecendo-a sobre novo fundamento. "Crer no Evangelho" é assumir o anúncio da vitória de Deus, em Jesus, como novo alicerce da vida. Não se trata de aderir antes de tudo à nova doutrina. Estamos diante de um novo acontecimento: a chegada do Reinado de Deus revelado na ação e na palavra de Jesus de Nazaré, bem como de seus seguidores e seguidoras. As expressões usadas no texto equivalem ao seguinte: "Mudem de vida radicalmente e ponham no Evangelho (acontecimento da vitória de Deus em Jesus) o firme alicerce de suas vidas".

Mudar de vida vai significar concretamente ouvir a voz de Jesus, segui-lo, sentindo-se inteiramente firme nessa nova opção, a ponto de ter coragem de empreender rupturas radicais.

Neste ponto, é importante ressaltar que é próprio da espiritualidade do conflito aguçar novos conflitos. Basta lembrar o profeta Elias. No momento em que o rei Acab o encontra, diz-lhe com irritação: "Estás aí, flagelo de Israel!" (1Rs 18,17). Elias responde corajosamente: "Não sou eu o flagelo de Israel, mas és tu e tua família..." (1Rs 18,18). É que a simples presença do profeta traz à tona as contradições do sistema e, destarte, as acirra, necessariamente. Hoje, como sabemos, ao assumir a opção pelos pobres, a Igreja logo é acusada de promover a luta de classes. Uma vez que tem como objetivo animar a instauração do Reino de Deus em pleno coração do antirreino, a consequência natural dessa ação (impulsionada pelo Espírito de Deus) será mexer com os interesses dos que detêm o poder econômico, o poder político e o poder ideológico. É como mexer, agitar casa de marimbondos. Em Mc 4,10-13, Jesus interpreta seu ministério e a oposição que se levanta contra ele apelando para o texto de Is 6,9-10, cujo contexto é o conflito social e político em Judá.

Contudo, a espiritualidade do conflito, ao mexer com os interesses dos que se locupletam da situação desumana da sociedade, contrária ao Reino de Deus, convoca tais pessoas a que parem para pensar e tomem consciência de que também se estão desumanizando ao manterem as estruturas injustas da sociedade.

Desse modo, tal espiritualidade é um convite à conversão de toda a sociedade. É um convite à abertura dos corações para que o Reinado de Deus se instaure pacificamente. Caso contrário, os conflitos se tornarão ainda mais ferrenhos e a violência tornará tudo um caos... E esse não é o objetivo. É uma consequência provocada pela intransigência em não querer mudar para que todos (e não apenas alguns privilegiados) tenham vida com dignidade. É o que vemos nas palavras de Deus ao profeta Isaías (6,8-13).

A espiritualidade do conflito não tem por meta encerrar ou promover o conflito, mas ajudar a pessoa a enfrentá-lo com equilíbrio, lucidez e sabedoria. Seu objetivo último é o amor compassivo para com os demais, inclusive os adversários. Por isso Jesus ensinou também o amor aos inimigos do Reino de Deus (cf. Mt 5,43-48), com o intuito de possibilitar sempre o diálogo, apesar das diferenças.

6. ESPIRITUALIDADE DO DIÁLOGO

Dialogar supõe, em primeiro lugar, capacidade de escutar as pessoas. Esse profundo e belo gesto de amor prático, até pelos inimigos, pode ser cultivado por meio daquilo que denominamos aqui "espiritualidade do diálogo".

Jesus foi capaz de enfrentar conflitos porque, como percebemos nos evangelhos, cultivou a abertura ao diálogo com as pessoas, inclusive com aquelas que contestavam a sua prática missionária.

São conhecidas as calorosas discussões de Jesus com escribas e fariseus. Apesar de ser duramente questionado em sua prática missionária, não se esquivava do diálogo com eles. É muito expressivo o diálogo noturno de Jesus com Nicodemos, cheio de muita tensão, que ofereceu a Jesus a oportunidade de denunciar seu fechamento e até má vontade para abrir os olhos aos novos sinais de Deus (cf. Jo 3). Nas entrelinhas das parábolas de Jesus, o que percebemos é a tensão das relações entre Jesus e seus adversários, de tal modo que a tentativa de diálogo resvala frequentemente na denúncia do fechamento deles em sua própria ideologia (cf. Jo 5,41-47).

Mas impressiona, sobretudo, o diálogo inusitado que se dá entre Jesus e uma mulher estrangeira (siro-fenícia), que encontramos em Marcos (7,24-30) e em Mateus (15,21-28).[1] No texto de Mateus, o diálogo entre Jesus e a mulher é particularmente duro. A mulher vinha gritando atrás deles. Mas não chegou a merecer nenhuma resposta. Instado pelos discípulos, Jesus foi taxativo: "Eu não fui enviado, senão às ovelhas perdidas da casa de Israel" (Mt 15,24). A mulher, porém, insistiu em pedir socorro. Pela primeira vez, Jesus lhe dirigiu a palavra: "Não fica bem tirar o pão dos filhos e atirá-lo aos cachorrinhos" (v. 26). Há, da parte de Jesus, uma insistente recusa a voltar-se aos gentios. É a mulher que lhe faz ver que, desde já, os gentios devem participar da mesa do banquete, isto é, da ação de Jesus pela restauração da vida, sem exclusões.

Em Marcos, o tom do diálogo é atenuado, de modo a favorecer os pagãos: "Deixa que *primeiro* os filhos se saciem". É apenas uma questão de precedência, não de exclusão. Virá em seguida o momento dos gentios. Jesus já dera sinais de que o tempo deles também chegaria. E a Igreja nascente vivia esse novo momento. Na verdade, Jesus aprovara a insinuação da mulher ao reivindicar participação no banquete dos filhos, banquete que Marcos apresentará em 8,1-10.

A mulher atingida pela hemorragia havia conseguido, em segredo, despertar de repente em Jesus sua potência messiânica de salvação (cf. Mc 5,30). Agora, outra mulher marginalizada conseguia como que antecipar a participação dos gentios no banquete do Reino. É emocionante escutá-la aceitar ser tratada por "cachorrinho". Cão e porco são termos particularmente ofensivos com que os judeus tratavam as pessoas pagãs. Jesus atenuou a ofensa usando o diminutivo, mas, de qualquer

---

[1] Baseamo-nos aqui em: SOARES, Sebastião Armando Gameleira; CORREIA JÚNIOR, João Luiz; OLIVA, José Raimundo. *Comentário do Evangelho de Marcos*, p. 290-293.

modo, a separação era claramente afirmada. Ela, no entanto, não se deixou vencer e insistiu, usando até uma imagem da vida doméstica cotidiana, carregada de forte carga emotiva: enquanto as crianças comem à mesa, deixam cair ao chão migalhas de pão de que os cachorrinhos também se alimentam. Sua palavra tem uma tal força (cf. v. 29), que é capaz de antecipar o momento escatológico.

A conclusão é significativa. Jesus lhe falou emocionado: "Oh, mulher, grande é tua fé". E em seguida afirmou: "Sua filha ficou curada" (Mt 15,28). O vocativo, na língua do Novo Testamento, é raro, e sugere intensa carga emotiva. Marcos conclui de maneira bem mais ampla: "E o demônio tinha ido embora". O toque redacional está indicado na mudança de terminologia: de "espírito impuro", no v. 25, para "demônio", nos vv. 26.29-30. Não apenas está livre sua filha, mas o demônio se fora. A região *está* liberada (cf. 5,10.13). Marcos emprega duas vezes o verbo no perfeito (vv. 29.30), indicando que o efeito da ação de Jesus é definitivo, é duradouro.

Sem dúvida, o diálogo verdadeiro, aquele em que as pessoas envolvidas estão abertas à escuta do que o outro tem coragem de dizer, tem força (em grego, *dynamis*, poder dinâmico), sendo capaz de restaurar vidas (no caso, a vida da filha da mulher estrangeira) e até de reconfigurar rumos (no caso, a missão de Jesus, que agora se abria para os estrangeiros).

O diálogo é exigente. Supõe uma espiritualidade que lhe dê suporte. É fruto da espiritualidade que cultiva profunda relação pessoal com Deus. Caracteriza-se como relação "pessoal" não porque necessariamente se reconheça Deus como realidade "pessoal", mas no sentido de que a pessoa se sente envolvida e como que atraída por uma força ou dinamismo que a toma totalmente, "como se" se tratasse de um tu transcendente, capaz de exigir até a própria vida. Por isso, a espiritualidade, que é, concretamente, o conjunto de valores que determinam um jeito de viver, tem em seu nível mais profundo o aspecto de diálogo. "Escutamos" o chamado da vida e a ele "respondemos", de uma ou outra maneira, como se se tratasse de uma voz, de uma relação que se manifestasse pela Palavra, daí falar de "revelação" e de "resposta".

A espiritualidade do diálogo é fruto dessa intimidade amorosa com Deus, que interpela ao amor ao próximo. O verdadeiro amor pessoal para com Deus tem que se apresentar à realidade por meio da convivência dialogal com as pessoas, inclusive com aquelas que se põem como adversárias ao projeto de vida que abraçamos como compromisso existencial.

No dizer de Dorothee Sölle,

> eu me comprometo a Deus como sua boa criação, como ela foi pensada na igualdade de homem e mulher, na responsabilidade, no cultivar e no conservar responsável do jardim, em nossa capacidade de trabalhar e para amar e sermos, assim, semelhantes a Deus.[2]

Ser perfeito como o Pai (Deus) é perfeito (Mt 5,48); ser misericordioso como o Pai (Deus) é misericordioso (Lc 6,36): eis a dimensão ética presente na espiritualidade que abre o coração humano ao diálogo permanente.

Esse modo de vida, apesar de dois mil anos de Cristianismo, continua sendo um desafio para todas as pessoas que desejam vivenciar a espiritualidade cristã em seu nível prático. Trata-se mesmo de um desafio:

> Amai os vossos inimigos e orai pelos que vos perseguem; desse modo vos tornareis filhos do vosso Pai que está nos céus, porque ele faz nascer o seu sol igualmente sobre maus e bons e cair a chuva sobre justos e injustos. Com efeito, se amais aos que vos

---

[2] SÖLLE, Dorothee. *Deve haver algo mais: reflexões sobre Deus*. Petrópolis: Vozes, p. 97.

amam, que recompensa tendes? Não fazem também os publica-
nos a mesma coisa? E se saudais apenas os vossos irmãos, que
fazeis de mais? Não fazem também os gentios a mesma coisa?
Portanto, deveis ser perfeitos como o vosso Pai celeste é perfeito
(Mt 5,44-48).

A perfeição passa, portanto, pelo cultivo de uma espiritualidade que impulsione ao diálogo com todas as pessoas,
inclusive aquelas que não nos amam, que nos criticam, que
nos perseguem e nos causam injustiças... Para isso, é preciso
ter segurança de si, a fim de poder confiar-se à relação com
outras pessoas, e, em última análise, confiar na vida.

Por ter cultivado a espiritualidade do diálogo, encontramos
Jesus continuamente ouvindo as interpelações e questionando
seus interlocutores. Para enaltecer essa qualidade dialogal de
Jesus, Lucas narra que já aos doze anos foi encontrado no
Templo por seus pais, "sentado em meio aos doutores", em
franco diálogo, "ouvindo-os e interrogando-os" (Lc 2,46). Um
dos diálogos mais significativos é o de Jesus com a samaritana,
através do qual ele ajuda a mulher a tomar consciência da sua
própria realidade e a faz descobrir novo sentido para a sua
vida e missão (cf. Jo 4,29). Um dos diálogos mais famosos é
o dos discípulos de Emaús (Lc 24,13-35).

Como vimos, Jesus teve de enfrentar muitos conflitos, a
começar no próprio ambiente dos seus discípulos. Era difícil
para eles compreender a mente de Jesus. Vemos isto particularmente claro na conversa que precede o episódio da partilha
dos pães (cf. Mc 6,35-39), e que é decisivo para compreender
o sentido do gesto. Como também foi difícil para Jesus curar
a cegueira do grupo, sobretudo no que dizia respeito a seu
trágico destino; basta ler o trecho do Evangelho de Marcos
sobre a caminhada da subida a Jerusalém (cf. 8,22–10,52).

Logo no início de sua missão, as controvérsias com os adversários começaram a surgir. Contudo, em nenhum momento encontramos Jesus fechado, acuado, medroso, sem enfrentar os questionamentos dos adversários. Pelo contrário, de modo inteligente, ele soube transformar os questionamentos dos inimigos em ensinamentos para todos os que o escutavam (cf. Mc 2,1–3,6)

Impressiona, nesse sentido, o diálogo de Jesus com o mestre da lei (legista), em Lc 10,25-37 (com paralelos em Mt 22,34-40 e Mc 12,28-31), que, na narrativa lucana, tem como ponto crucial a parábola do samaritano (Lc 10,29-35). Do diálogo surge um ensinamento, não só para os adversários como também para todas as pessoas que escutam admiradas tamanha sabedoria, que só pode vir de Deus.

7. ESPIRITUALIDADE CONTEMPLATIVA NA AÇÃO

A forma de contemplar mais conhecida é aquela em que nos confrontamos com a natureza e com o cosmos e somos sobressaltados por sua grandiosidade e beleza. Um grande místico, que saboreou a contemplação a partir da natureza (a bela região da Úmbria, Itália, onde viveu), foi Francisco de Assis (1182-1226), patrono universal da ecologia.

Mas a espiritualidade contemplativa tem outra dimensão pouco conhecida e, por conseguinte, pouco valorizada: a espiritualidade contemplativa na ação.

Em nosso tempo, Dom Helder Camara (1909-1999) pode ser apresentado como mestre da contemplação em sua ação sociorreligiosa na defesa dos direitos humanos e na opção evangélica pelos pobres. Isso é particularmente evidente em suas cartas, das quais podemos aprender muito.[1]

Ser contemplativo na ação, expressão proveniente da espiritualidade de Santo Inácio de Loyola (1491-1556), tem a

---

[1] As cartas ou "circulares" de Dom Helder estão sendo publicadas na Coleção Obras Completas Dom Helder Camara, em três volumes, publicado pela CEPE Editora, nestes últimos anos.

ver com as atitudes mais profundas com as quais abordamos a vida, e pressupõe entrega e compromisso, dois lados do amor; compromisso por meio da entrega e por causa dela; entrega a Deus em gratidão e amor que se origina da contemplação do que Deus faz no mundo e em nós e pelo mundo e por nós (conforme os *Exercícios espirituais* de Santo Inácio, n. 230-237). A entrega envolve a oferenda de nossos dons e talentos a Deus para serem usados em prol do Reino (EE 234). E esse não é apenas um gesto casual, mas também sinal de uma atitude constante e mais profunda que caracteriza e orienta toda a nossa conduta nas várias circunstâncias da vida.[2]

Como se percebe, a espiritualidade contemplativa na ação se inspira na espiritualidade de Jesus. Nos evangelhos, tomemos como exemplo Mc 6,34: "Assim que ele desembarcou, viu uma grande multidão e ficou tomado de compaixão por eles, pois estavam como ovelhas sem pastor. E começou a ensinar-lhes muitas coisas".

Temos aqui uma estrutura concêntrica, numa relação interessante entre objetividade[3] e subjetividade.[4] O "mestre" Jesus, provocado pelo que vê objetivamente da situação em que se encontra a "grande multidão", assume a missão de cuidar desse povo, por meio daquilo que sabe fazer objetivamente: ensinar, comunicar a Palavra com a autoridade de quem interfere para mudar a realidade (cf. Mc 1,14-15).

---

[2] LONSDALE, David. *Olhos de ver, ouvidos de ouvir. Introdução à espiritualidade inaciana.* São Paulo: Loyola, 2002, p. 119.

[3] "Objetividade" é o caráter do objeto que é visto como é, em sua realidade substancial, objetiva. ABBAGNANO, Nicola. *Dicionário de Filosofia.* Trad. Alfredo Bosi. São Paulo: Mestre Jou, 1970, p. 691.

[4] "Subjetividade" é o caráter de todos os fenômenos psíquicos, enquanto fenômenos de consciência, tais que o sujeito os refere a si mesmo e os chama "meus". Ibid., p. 888.

Trata-se de um versículo revelador. Pode ser compreendido como excelente resumo daquilo que o Evangelho segundo Marcos interpreta como sendo as motivações mais profundas que levaram Jesus a exercer o seu ministério itinerante em prol da "grande multidão", na Palestina da primeira metade do século I, sob domínio do Império Romano.

Esse versículo faz parte da primeira narrativa de partilha dos alimentos que encontramos em Mc 6,30-44. Na sequência literária, após a retrospectiva acerca do fim violento de João Batista, cuja cabeça foi oferecida a Herodes num banquete macabro (6,14-29), o texto marcano retoma o fio da narração relatando a volta dos discípulos (6,30). Eles foram ungidos e enviados em missão para, com poder sobre o mal, pregar a conversão e praticar a expulsão de demônios e a cura de enfermidades (6,7-13).[5]

Ao retornarem da missão, Jesus convida seus discípulos a descansarem um pouco "em um lugar deserto", porque "os que chegavam e partiam eram tantos que não tinham tempo nem de comer" (6,31)... Assim, "foram de barco a um lugar deserto, afastado. Muitos, porém, os viram partir e, sabendo disso, de todas as cidades, correram para lá a pé, e chegaram antes deles" (6,36).

Ao desembarcarem, Jesus viu a grande multidão...

Sem dúvida, Jesus era um contemplativo na ação. Em meio à atividade missionária, ele está sempre atento: contempla a dura realidade do povo a seu redor ("uma grande multidão" abandonada à própria sorte), "como ovelhas sem pastor". Essa contemplação lhe causa profunda compaixão.

---

[5] A respeito de curas e exorcismos, veja: REIMER, Ivoni Ricter. *Milagre das mãos: curas e exorcismos de Jesus em seu contexto histórico-cultural.* São Leopoldo/Goiânia: Oikos, UCG, 2008.

Por meio da contemplação, ele não enxergou somente uma grande quantidade de pessoas a sua procura, mas viu profundamente a situação de sofrimento daquela gente. Este ver em profundidade remete à subjetividade de Jesus, na medida em que causou repercussão em seu interior, uma emoção forte que lhe "revolve as entranhas", descrita com o termo grego *splanchnídzomai*.[6]

Esta forte repercussão subjetiva, emocional, que mexe com Jesus em suas entranhas, provoca-o à ação solidária em prol do seu povo. Não se trata, portanto, de um mero sentimentalismo estéril, passivo, desprovido de gesto concreto. Pelo contrário: trata-se de um sentimento interior que revolve o mais profundo da consciência diante do sofrimento humano, que leva à ação em favor das pessoas que a ele recorriam, e das quais se aproximou solidariamente, tal como na narrativa de cura do leproso (Mc 1,40-42), de endemoninhados (Mc 5,1-20; 9,14-29), mendigos cegos (Mc 10,46-52) e muitas outras pessoas pobres, aflitas e marginalizadas, como mulheres e crianças.

Em meio à ação em favor desse povo excluído do direito de ser gente com dignidade, encontramos Jesus contemplando e louvando a Deus por encontrá-lo presente nesse meio, mostrando a sua face, conforme lemos em Mt 11,25: "Eu te louvo, ó Pai, Senhor do céu e da terra, porque ocultaste estas coisas aos sábios e doutores e as revelaste aos pequeninos...".

---

[6] O verbo grego *splanchnídzomai* é derivado do substantivo *splánchnon*, "entranhas", "vísceras", "intestinos", "coração". Trata-se das partes internas do corpo, das quais, na Antiguidade, compreendia-se originar as emoções fortes. O verbo grego, portanto, significa movimento ou impulso que brota das próprias entranhas da pessoa. É por isso que os tradutores precisam lançar mão de expressões como "foi tomado de compaixão" ou "seu coração se comoveu com eles". Contudo, nem mesmo essas expressões conseguem captar a profunda emoção física e emocional da palavra grega para "compaixão". NOLAN, Albert. *Jesus antes do cristianismo*. São Paulo: Paulinas, 1988, p. 49.

Como contemplativo na ação, Jesus também deve ter orado apreciando a natureza da Palestina, nos lugares por onde andou em sua missão. E soube tirar proveito dessa experiência, utilizando muitas imagens do trabalho no campo e do ambiente campestre em seus ensinamentos. Exemplo disso são as parábolas,[7] muitas das quais construídas por meio de metáforas,[8] comparações com elementos da natureza.

Por exemplo, em Mt 6,25-34, ao tocar num assunto até hoje atual, sobre a ansiedade de adquirir o pão de cada dia e os bens necessários para viver, Jesus ensina sobre quais deveriam ser as preocupações fundamentais do ser humano. Para tanto, faz alusão aos pássaros do céu e aos lírios do campo:

> Por isso vos digo: não vos preocupeis com a vossa vida quanto ao que haveis de comer; nem com o vosso corpo quanto ao que haveis de vestir. Não é a vida mais do que o alimento e o corpo mais do que a roupa? Olhai as aves do céu: não semeiam, nem colhem, nem ajuntam em celeiros. E, no entanto, vosso Pai celeste as alimenta. Ora, não valeis vós mais do que elas? Quem dentre vós, com as suas preocupações, pode acrescentar um só

---

[7] O termo "parábola" designa um dito que transmite determinado conselho ou ensinamento baseado na sabedoria adquirida por meio da observação atenta da vida social e até mesmo da natureza. As parábolas dos evangelhos são o secular desenvolvimento de uma forma literária que tem raízes no Primeiro Testamento: o cordeiro (2Sm 12,1-14), os dois irmãos e o vingador (2Sm 14,1-11), a cativa que fugiu (2Rs 20,35-40), o vinhateiro (Is 5,1-7), a águia e a vinha (Ez 17,3-10), o incêndio da floresta (Ex 21,1-5), a panela que ferve (Ez 4,3-5). O número de parábolas nos evangelhos é estimado em um mínimo de 35 a um máximo de 72; a variação decorre da dificuldade em classificar as parábolas. O número maior é alcançado incluindo ditos que a maioria dos estudiosos não chamaria de parábolas, mas de metáforas; e essa definição mais limitada parece preferível. Ninguém duvida de que as parábolas vêm do próprio Jesus. MACKENZIE, John L. *Dicionário Bíblico*. São Paulo: Paulinas, 1984, p. 691. Verbete "parábola".

[8] Metáfora é uma figura de linguagem que consiste na transferência da significação própria de uma palavra para outra significação, em virtude de uma comparação subentendida. Por exemplo, quando se diz "Ele é uma raposa", emprega-se uma metáfora, isto é, usa-se o nome de um animal para descrever um homem que possui astúcia, qualidade que é própria da raposa.

côvado à duração da sua vida? E com a roupa, por que andais preocupados? Observai os lírios do campo, como crescem, e não trabalham e nem fiam. E, no entanto, eu vos asseguro que nem Salomão, em toda sua glória, se vestiu como um deles. Ora, se Deus veste assim a erva do campo, que existe hoje e amanhã será lançada ao forno, não fará ele muito mais por vós, homens fracos na fé? Por isso, não andeis preocupados, dizendo: Que iremos comer? Ou, que iremos beber? Ou, que iremos vestir? De fato, são os gentios que estão à procura de tudo isso: vosso Pai celeste sabe que tendes necessidade de todas essas coisas. Buscai, em primeiro lugar, o Reino de Deus e a sua justiça, e todas essas coisas vos serão acrescentadas. Não vos preocupeis, portanto, com o dia de amanhã, pois o dia de amanhã se preocupará consigo mesmo. A cada dia basta o seu mal.

As belas metáforas do texto anterior bastam para que saboreemos a singela sabedoria que se pode colher da oração contemplativa. Não se trata, porém, de "romantismo" ingênuo. Jesus é capaz de contemplar a beleza dessa atitude "despreocupada", livre de angústia e do peso do dia a dia, vivida em completa confiança, justamente porque está empenhado em promover, pela ação, um projeto de vida comunitário, de intercâmbio de serviços, de dons e de bens, de tal modo que seja possível ao ser humano "ocupar-se", mas não "se preocupar" porque a comunhão, a atenção das pessoas umas às outras, o estabelecimento de estruturas justas, têm como resultado a garantia de que todas as pessoas terão do que viver com dignidade (cf. Mc 10,28-30).

Em outras palavras, a comunhão entre discípulos e discípulas de Jesus é algo que deve espalhar-se como fermento (cf. Mt 13,33) nas relações e nas estruturas da sociedade (cf. Mt 5,13-17). É isto que orienta todo o projeto missionário do apóstolo Paulo. Ele percebia que aquilo que se dava nos pequenos grupos, nas comunidades, estava destinado a assumir proporções, diríamos hoje, sociopolíticas internacionais. Ou seja, o que se começava a viver nos pequenos grupos fraternos fazia parte do grande projeto escatológico de Deus para toda a humanidade. Por isso, elabora a estratégia de ser projeto missionário; concluído o anúncio do propósito de Deus na Ásia Menor, dirige-se à Fenícia, depois a Roma, centro do Império, e intenciona ir até a Espanha, a última fronteira do Ocidente. Assim, teria percorrido as grandes regiões do mundo conhecido de então para dizer que "já não há judeu nem grego, civilizado nem bárbaro, senhor nem escravo, homem nem mulher", pois somos todos a humanidade "uma só em Jesus Cristo" (Gl 3,28). Essa visão paulina do projeto de Deus está claramente expressa em Rm 1–2 e 8, e em Ef 2, em que a redenção se identifica com a paz internacional.

Por isso, como expomos no início deste capítulo, desenvolver uma espiritualidade contemplativa na ação é, sobretudo, participar ativamente do mistério salvífico da ação de Deus no palco da história humana. Jesus, conforme relata o Evangelho de Marcos, ao iniciar sua missão, proclamava: "Cumpriu-se o tempo e o Reino de Deus está próximo". Trata-se de uma proximidade espacial. Pode-se perceber a presença desse Reino. Um outro mundo, uma outra maneira de tecer novas relações sociais é possível:

– "Quem quiser ser o primeiro, seja como aquele que serve...".

– "Dai-lhes vós mesmos de comer" (Mc 6,37). Não se desobriguem de ajudar a multidão. Assumam a sua responsabilidade...

– Aliem-se às pessoas de boa vontade na construção dessa nova sociedade: "Quem não é contra nós é por nós" (Mc 9,40).

Aí estão alguns dos argumentos para que percebamos as características dessa espiritualidade contemplativa na ação, que vê Deus agindo em pleno contexto histórico do tempo presente (naquela época, dentro do antirreino de Herodes, aliado do imperialismo romano, e da aristocracia sacerdotal do Templo de Jerusalém).

A espiritualidade contemplativa na ação deve animar para que não caiamos na tentação de achar que tudo está perdido. É hora de agir e ver Deus agindo, por meio das ações concretas que constroem aqui e agora relações humanas justas e solidárias (o que chamamos teologicamente de Reino de Deus), como se diz em uma das orações eucarísticas do Livro de Oração Comum da Igreja anglicana:

> Abre nossos olhos para que vejamos a tua mão agindo no mundo que nos cerca (...). Permite que a graça desta Santa Comunhão nos torne um só corpo e um só espírito em Cristo, para que trabalhemos na transformação dos reinos deste mundo no Reino de Nosso Senhor Jesus Cristo.

CONCLUSÃO

As diversas linhas ou tradições espirituais são, na verdade, expressões de um dos dois caminhos ou duas atitudes espirituais de fundo (cf. Sl 1). Uma é a que nos abre ao mistério da vida, à grande realidade que em nós e ao redor de nós nos ultrapassa e, sobretudo, ao sentimento de transcendência que experimentamos nas múltiplas relações com as outras pessoas; esta nos "alarga" e eleva para além de nós, e nos humaniza, nos mobiliza na busca de amar. A outra nos fecha no narcisismo, faz-nos sentir o centro do mundo e, por isso, nos desumaniza e é idolátrica. De fato, nos faz "adorar as obras de nossas mãos" e a elas consagrar-nos, servi-las e a elas oferecer-nos em sacrifícios (cf. Sl 135; Ex 32,1).

Expressão da primeira atitude é, por exemplo, dizer: "Desejo ser gente, estar bem com as pessoas e me sentir feliz". Expressão da outra é dizer: "Desejo ser rico e poderoso; só me interessa quem possa me fazer subir". E as pessoas? "Ora, cada qual cuide de si; o mundo sempre foi assim e assim será. Só tem sucesso quem passa na frente. É a lei da sobrevivência na selva: só quem é mais forte e poderoso vence".

Essa dualidade é um dos principais temas das profecias na Bíblia. Com efeito, trata-se de ajudar o mundo a ser melhor, lutar pela justiça, contemplar o Deus vivo, e servi-lo no cotidiano da existência (cf. Mc 12,28-34), ou de dobrar-se aos ídolos (cf. Mc 12,13-17). Uma experiência espiritual muito interessante e proveitosa é ler, estudar e orar os salmos com o intuito de perceber como descrevem esses dois caminhos espirituais ou essas duas atitudes antropológicas opostas, que já vemos desenhados, em cores particularmente vivas, no Sl 1.

Há assim dois caminhos de espiritualidade. Jesus optou pela via que conduz à transcendência, por meio do processo contínuo de humanização. Os sete aspectos que abordamos da espiritualidade de Jesus, a partir dos evangelhos, demonstram claramente essa direção seguida pelo mestre dos mestres da espiritualidade cristã.

Tal espiritualidade se configura, portanto, como fenômeno interior profundo que corresponde à experiência, por parte do ser humano, de um "encontro" ou relação pessoal com a dimensão transcendente da vida, identificada ou não com a divindade ou com uma divindade pessoal. Essa relação determina a direção da existência de alguém quanto à busca da verdade e a uma maneira própria de viver e ver o mundo e a si próprio.

Nesse sentido, a espiritualidade cristã é o entrelaçamento de três amores: amor a Deus, amor interpessoal e comunitário e amor aos pobres. Esses três amores que, na verdade, são um único amor, se alimentam de uma fonte secreta, aquela dimensão que chamamos de "mística" e que brota e flui como relação profunda e íntima com o "Pai que está lá, no segredo e (...) vê no segredo" (cf. Mt 6,6). São três expressões da comunhão profunda com a Fonte: é oração contemplativa, filial, de louvor e ação de graças; as relações de fraternidade ou solidariedade em comunidade são a expressão da comunhão entre nós; o amor aos pobres se concretiza na dedicação a projetos e ações de transformação do sistema coletivo de vida (relações, estruturas e cultura), por isso é eminentemente político, reconstrutor das relações de poder na sociedade. Assim, em síntese, as três grandes marcas da atitude ou do hábito espiritual cristão são: oração, comunhão e política, justamente o que vemos em Jesus, por exemplo, no episódio da partilha do pão. Sua compaixão de pastor (cf. Mc 6,34) leva-o a identificar-se com o "EU SOU", o Deus do Êxodo que se compadece do povo e desce para libertá-lo (cf. Mc 6,49-50; Ex 3,7-15), e lhe providencia caminho e pão através do deserto (cf. Sl 105,26-45; 147). Mas fica evidente que essa transformação operada pela passagem do Senhor só acontece mediante a mudança profunda de nossos critérios de vida: se, em nome de Deus e, como comunidade de Jesus, temos coragem de assumir sobre nossos ombros a desgraça dos pobres; desalienamos nossa consciência e, em vez de pôr confiança nos poderosos, cremos no pouco de que dispomos; e, corajosamente, nos organizamos e abrimo-nos a partilhar o que temos. E eis o milagre, da partilha surge a abundância e ainda sobram "doze cestos" para o futuro. É assim que a vida pode virar banquete coletivo (cf. Mc 3,34-44). O apóstolo Paulo compreendeu isso profundamente e o expressou de forma lapidar em Rm 12,1-2:

> Exorto-vos, portanto, irmãos, pela misericórdia de Deus a que ofereçais vossos corpos como sacrifício vivo, santo e agradável a Deus: este é o vosso culto espiritual. E não vos conformeis com as estruturas do sistema deste mundo, mas transformai-vos radicalmente, desde vossos sentimentos e pensamentos, a fim de discernir qual é a vontade de Deus, o que é bom, agradável e perfeito.[1]

---

[1] Bíblia de Jerusalém com modificação feita pelos autores, para deixar perceber que "conversão" é romper com a "forma" impressa nas estruturas do sistema vigente e transformar-se radicalmente desde a profundidade dos sentimos mais íntimos.

Que esta singela reflexão sobre a espiritualidade de Jesus apresentada neste livro inspire a nossa espiritualidade cristã no tempo que se chama hoje. São os nossos sinceros votos. Assim seja!

REFERÊNCIAS

ABBAGNANO, Nicola. *Dicionário de Filosofia*. Trad. Alfredo Bosi. São Paulo: Mestre Jou, 1970.

ASSMANN, Hugo. As falácias religiosas do mercado. In: MOREIRA, Alberto; ZICMAN, Renée (Org.). *Misticismo e novas religiões*. Petrópolis/Bragança: Vozes/Instituto Francisco de Antropologia da Universidade São Francisco, 1994.

BARBAGLIO, Giuseppe. *Jesus, hebreu da Galileia: pesquisa histórica*. São Paulo: Paulinas, 2011.

BÍBLIA DE JERUSALÉM – Nova edição revista e ampliada. São Paulo: Paulus, 2002.

BOFF, Leonardo. *Vida segundo o Espírito*. Petrópolis: Vozes, 1982.

_____. *Fé na periferia do mundo*. Petrópolis: Vozes, 1981.

CAMARA, Dom Helder. Recife: CEPE Editora, 2009 a 2011. (Coleção Obras Completas – Volumes 1 a 3.)

CASALDÁLIGA, Pedro; VIGIL, José Maria. *Espiritualidade da Libertação*. Petrópolis: Vozes, 1993. (Coleção Teologia e Libertação.)

CATÃO, Francisco. *Espiritualidade cristã*. São Paulo: Paulinas, 2009.

EICHER, Peter. *Dicionário de Conceitos Fundamentais de Teologia*. São Paulo: Paulus, 1993.

FABRIS, Rinaldo. *Jesus de Nazaré*. São Paulo: Loyola, 1985.

GALLARDO, Carlos Bravo. *Jesus, homem em conflito: o relato de Marcos na América Latina.* São Paulo: Paulinas, 1997.

JEREMIAS, Joachim. *Jerusalém no tempo de Jesus: pesquisas de história econômico-social no período neotestamentário.* São Paulo: Paulinas, 1983.

_____. *Teologia do Novo Testamento: a pregação de Jesus.* São Paulo: Paulinas, 1977.

LONSDALE, David. *Olhos de ver, ouvidos de ouvir. Introdução à espiritualidade inaciana.* São Paulo: Loyola, 2002.

MACKENZIE, John L. *Dicionário Bíblico.* São Paulo: Paulinas, 1983.

MALINA, Bruce J. *O evangelho social de Jesus: o Reino de Deus em perspectiva mediterrânea.* São Paulo: Paulus: 2004.

NOLAN, Albert. *Jesus antes do cristianismo.* São Paulo: Paulinas, 1988.

REIMER, Ivoni Ricter. *Milagre das mãos: curas e exorcismos de Jesus em seu contexto histórico-cultural.* São Leopoldo/UCG: Oikos/Goiânia, 2008.

RICOEUR, Paul. *A memória, a história, o esquecimento.* Trad. Alain François et al. Campinas: Editora da Unicamp, 2007.

SANTO AGOSTINHO. *Tratado sobre o Evangelho de João 26,4.* Cit. por Connaissance des Pères de l'Église32- dez. 1988, capa.

SOARES, Sebastião Armando Gameleira; CORREIA JÚNIOR, João Luiz; OLIVA, José Raimundo. *Comentário Bíblico Latino-americano. Novo Testamento. Marcos.* São Paulo: Fonte Editorial, 2012.

SÖLLE, Dorothee. *Deve haver algo mais: reflexões sobre Deus.* Petrópolis: Vozes, 1999.

STEGEMANN, Ekkehard W.; STEGEMANN, Wolfgang. *História social do protocristianismo: os primórdios no judaísmo e as comunidades de Cristo no mundo mediterrâneo.* São Paulo: Paulus, 2004.

THEISSEN, Gerd; MERZ, Annette. *O Jesus histórico: um manual.* São Paulo: Loyola, 2002.

SOBRE OS AUTORES

João Luiz Correia Júnior, teólogo, é mestre e doutor em Teologia (com concentração na área dos estudos bíblicos) pela PUC Rio. Pós-doutor em Ciências da Religião pela PUC Goiás. Professor titular e pesquisador da Universidade Católica de Pernambuco, em Recife, onde leciona no Curso de Teologia e na Pós-graduação em Ciências da Religião. Assessor do Centro de Estudos Bíblicos (CEBI). E-mail: <joaoluizcorreia@uol.com.br>.

Sebastião Armando Gameleira Soares é bispo emérito da Diocese Anglicana do Recife – Igreja Episcopal Anglicana do Brasil. Mestre em Teologia na Universidade Gregoriana de Roma, mestre em Ciências Bíblicas, no Instituto Bíblico de Roma e mestre em Filosofia na Universidade Lateranense de Roma, além de bacharel em Direito pela Faculdade de Direito de Olinda. Exerce também a função de assessor do Centro de Estudos Bíblicos (CEBI). E-mail: <sgameleira@gmail.com>.

Impresso na gráfica da
Pia Sociedade Filhas de São Paulo
Via Raposo Tavares, km 19,145
05577-300 - São Paulo, SP - Brasil - 2016